仕事と暮らしを取りもどす

遠藤公嗣　筒井美紀　山崎 憲

Endo Koushi　Tsutsui Miki　Yamazaki Ken

仕事と暮らしを取りもどす

社会正義のアメリカ

岩波書店

日本の読者へ

トーマス・A・コーハン（マサチューセッツ工科大学教授）

アメリカの労働運動はほかの国々と同じように危機に瀕しています。そのため、労働者のための新しい組織のあり方や働く人の関心をひくための方法を探す必要に迫られています。これまでの労働組合の戦略を微調整することでは、もはや不十分なのです。

その点で本書はとても示唆に富んでいて、私としても喜ばしく感じています。ここでとりあげられている組織の数々は、職場で、コミュニティで、そして社会で、働いている人々の「声」を取りもどすために必要になる新しいアプローチと組織を形づくるための種をまいています。

本書でとりあげた組織が、従来型の労働組合が直面している問題にどのように対処しようと試みているのか、少し考えてみましょう。

伝統的な労働組合が労働者を組織するモデルはもはや壊れていて取り換えられる必要があるのです。その一つの理由に労働法の問題があります。アメリカで労働組合と使用者の関係を保障する法律は全国労働関係法（NLRA）です。この法律の下では、労働組合が新しい一人の組合員を得るために五一％の労働者の同意を得る必要があります。ところが労働者が労働組合をつくることを使用者が阻止しようとしている場合、実際に労働者が使用者と合法的に交渉できる労働組合が組織される可能性は一〇%に満たない(Ferguson, 2008)のです。

問題はそれだけではありません。もはや労働者が長期間にわたって同じ使用者の下で働き続けるというモデルも壊れています。ところが法律は変わっていません。雇用主が変われば労働者は労働組合員の資格を失ってしまいます。そこからもう一度その労働者が労働組合に組織されることは容易ではないのです。

本書がとりあげている組織は従来と異なる方法をとっています。これらの組織は職場から切り離された労働者を対象としています。彼らに健康保険や職業訓練を提供する一方で、雇用主を変えたり、職業のキャリアの路線を変更したとしてもメンバーとしての資格はそのままにするのです。これは、働く側にとって生涯にわたって途絶えることがないものを与えています。

労働組合はこれまで交渉力の源泉をストライキに置いていました。これももはや有効ではなくなりつつあります。使用者が労働組合につきつけるさまざまな譲歩の規模を縮小させるという程度の役割でしかありません。本書がとりあげる「次世代労働組合」は、知識と技術を労働者に授けることで雇用主との競争力を獲得することを試みるとともに、雇用に関連した政策の推進に関して頼りになる連携やネットワークを作ろうとしています。交渉力を高めるために労働組合は労働者の高い技能をもって、熟練し、信頼ある労働力の主要な供給源になる必要があるのです。同じ雇用主に長期間、安定的に労働者が雇用されない現在では、労働者がよりよい機会を求めて労働市場を移動するための効果的な媒介機関になる必要があります。これは労働者の直接の利益となるだけではなく、間接的には雇用主に、有能な労働者が離職することを防ぐため、労働条件を上げさせるという効果をもつのです。

本書は先駆的なコミュニティ組織もとりあげています。これらの組織は労働者の権利を守るさまざまな組織と提携するパートナーとなっています。ワーカーセンター、「信仰の垣根を超える労働者の正義」、IAFといった組織は、今日のそして将来の労働運動の中で重要な役割をになっています。

社会的な運動としての「労働」は、そこに関連のあるあらゆる組織に拡大して労働者の権利を守るために結集させる必要に迫られています。合法的に認められた団体交渉を行うことを通じた伝統的な労働組合の活動は、このような運動の中心であり続けるでしょう。しかし、労働組合は専門的な役割をになった組織との連携を必要としているのです。それは、労働者を教育し、職業資格を与え、転職のための手助けをする組織であったり、労働者の社会的かつ政治的な必要に応えるコミュニティや民族、移民、宗教に根差したグループであったり、労働条件を改善するために雇用主に圧力をかけるNGOであったりというようにさまざまです。

本書は労働政策研究・研修機構が実施した調査により書かれていますが、実際に調査をおこなった執筆者たちはこれらの革新的な試みを明らかにするうえで多大な貢献をしています。アメリカ、日本のみならずさまざまな社会において、働いている人々の「声」を取りもどすために労働者を代表する新しい形を探る。このために本書が用いられることを切に願います。最後に、このような重要な貢献をした執筆者たち、そして調査を実施した労働政策研究・研修機構に感謝します。

参考文献

Ferguson, John-Paul, "The Eyes of the Needle: A Sequential Model of Union Organizing Drives, 1999–2004.," *Industrial and Labor Relations Review*, 62, 1, 2008, 3–21.

（山崎憲訳）

はじめに

社会正義を実現するための創意と工夫

現代アメリカは貧困大国だ、というのは正しい。有名なブルッキングス研究所が二〇一一年一一月に発表したレポートは、アメリカ社会の貧困化を数字でもって強調した。すなわち、アメリカの貧困者は、一九九〇年代には一二三〇万人だったけれども、二〇〇〇年代の一〇年間で四六二〇万人に増加した。二〇〇九年にアメリカ人口の一五%が、四人家族で年収二万二三一四ドルという貧困線以下の生活をしている。

しかし、アメリカ社会の貧困化を、人々はただ傍観しているのではない。働く人々が貧困に陥らないための、また、働く人々が貧困から脱出できるための、さまざまな創意と工夫もまた、アメリカの人々によって積み重ねられている。社会正義の実現がめざされているのである。その創意と工夫は、この二〇年あまりの間に、アメリカ社会の各所で目に留まるようになり、現在では、その成果もある程度は見られるようになっている。アメリカの人々のこうした創意と工夫を、私たちは日本の読者に伝えたい。そして、日本が貧困大国にならないように日本社会を立て直したいと思っている人々に、盛りだくさんのアイデアと大きな希望をもってもらいたい。これを私たちは願っている。

新しい労働組織とそのネットワーク

私たちが注目したのは、この二〇年間に新しくつくられた労働組織とそのネットワークである。それらは既存の労働組合ではない。労働組合とは別個につくられた組織であって、労働組合と密接な関係をもっている場合もあれば、疎遠な関係の場合もある。さらには、経営者に近い組織や、行政に近い組織もある。労働組合との関係は組織によってさまざまである。そうした新しい労働組織とそのネットワークを、私たちは三つのグループに分けて、この本で紹介する。

第1章で紹介するのは、雇われて働く労働者すなわち雇用労働者の権利をまもる労働者組織である。現代アメリカでは、労働組合員となることが困難な雇用労働者が増加している。この状況をうけて、労働組合ではないが、しかし、雇用労働者の権利をまもるための新しい労働者組織が結成され発展している。その代表的な組織は、移住労働者をおもなメンバーとするワーカーセンターと呼ばれる組織である。現在は、全米で二〇〇を超えるワーカーセンターがある。また、ワーカーセンターに分類してよいのかどうか疑問が残るが、雇用労働者の権利擁護を目的とした大規模なNPO（非営利組織）もある。この本でとりあげるのは「メイク・ザ・ロード・ニューヨーク（MRNY）」と名付けられたNPOである。そこでは、少なくない弁護士が常勤で権利擁護の活動にあたり、多数のロースクール学生が正規授業科目の一環として活動に参加する。

〈遠藤公嗣〉

第2章で紹介するのは、労働者が雇われないで働き続ける組織である。自営業や業務請負の形式で不安定な働き方をする労働者や、細切れの期間でしか雇用されない労働者が増えている。こうした労働者の不安は大きいけれども、彼ら彼女らもまた、労働組合員となることが困難な労働者である。そこで、雇われないで働き続けるための組織をつくって、不安を減らすことが工夫された。ニューヨークの二つのそうした組織を、この章で紹介する。一つは、自営業的な労働者のために、健康保険や年金保険の提供および州法の立法活動を重視する「フリーランサーズ・ユニオン」である。もう一つは、ホームヘルパーをメンバーとする労働者協同組合(ないし労働者所有企業)であるCHCAである。二つの組織とも、メンバーを急速に増やしている。

第3章で紹介するのは、労働者がスキルを身につけ仕事を探すための組織である。労働者が雇われて働くためには、経営者に必要とされるスキルが労働者の身についていなければならないし、そうした経営者と労働者を結びつけるしくみが必要だ。これは古くからの課題でもあるけれども、中小零細企業の経営者団体に近い組織であるクリーブランドのWIRE-Netと、行政に近い組織であるミシガン州の「ミシガン・ワークス!」は、新しいアプローチを重視している。経営者に必要とされるスキルは何かを、企業訪問やミーティングで丁寧に探ることをまず重視し、つぎに、これにあうスキルを労働者に身につけさせて、経営者に紹介するのだ。この二つの組織を、私たちはこの章で紹介する。

さて第4章で私たちが紹介する組織は、ソウル・アリンスキーのコミュニティ・オーガナイジング思想の影響がつよく、また「ネットワーク」型であることを、強調したい。アリンスキーは「産業地域振興事業団（ＩＡＦ）」の創設者であって、一九七二年に死去したけれども、その思想は現在も引き継がれている。私たちが第3章までで紹介する組織のほぼすべてに、そして第4章で紹介する「ジョブズ・ウィズ・ジャスティス（ＪＷＪ）」などの諸団体にも、その影響をみることができる。彼とその思想は、これまでの日本の労働研究では、およそ知られていない。また、これらの組織のほぼすべてが、組織そのものがネットワーク型であったり、同種の組織の間はもちろんのこと、多少とも関連する組織の間で、相互のネットワーク関係を発達させている。そして、組織の間だけでなく、そこで活動する人々の間にも、人的なネットワーク関係がある。

創意と工夫はなぜ必要だったのか

この問いに答えるためには、歴史をふり返らなければならない。現代アメリカが貧困大国になった重要な理由の一つは、一九三〇年代のニューディール時代に形成されたアメリカの雇用社会システムが、社会の変化によって、現在では機能不全となったからである。ニューディール時代に形成された雇用社会システムとは、およそつぎのようなシステムと考えておこう。

システムの中心は、力のつよい労働組合が存在することであり、その労働組合が経営者と交渉して、労働組合員の労働条件と生活条件の改善を経営者に要求し実現することであった。労働組合のこの活動を奨励した法律が、一九三五年にできた全国労働関係法（ワグナー法）であった。

この説明文に、賃金引き上げなどの労働条件の改善のほかに、生活条件の改善を加えたことには意味がある。アメリカでは、社会保険としての健康保険や年金保険が充実していない。そこで労働組合は、経営者との交渉によって、経営者が拠出する充実した健康保険や年金保険を、組合員のために獲得してきたのである。社会保険が当たり前に存在する日本からみると、この点での労働組合の恩恵は見過ごされやすい。

労働条件と生活条件の改善によって増えた所得から、労働組合員とその扶養する家族は消費への支出を増加させることができるので、労働者家族であっても、ミドルクラスの豊かな生活が可能となる。それは同時に、アメリカ国内での消費支出の増加となり、さらに、消費需要に応じるための生産を増加させるので、アメリカ経済が成長する。そして、労働組合が組織率を高めて多数の労働者を組合員にするほど、アメリカ国内の消費需要は増加し、アメリカ経済の成長もまた大きくなる。

さて、アメリカ経済の成長は労働者の雇用を増加させるから、失業率を低下させる。また、農産物の消費需要を増加させるので、農業部門における雇用も生産も、そして利益も増加させる。こうして達成されたアメリカ経済の全般的繁栄は、組合員を雇用する企業の繁栄も意味しているから、それはまた、労働条件と生活条件の改善を労働組合が要求して実現する余地を拡大する。ニューディール時代に形成された雇用社会システムは、アメリカ経済の全般的繁栄と労働組合の要求実現が循環関係を形成するシステムであって、一九六〇年代まではこれが存続していたと考えられる。

しかし、このシステムは一九七〇年代以降に変調をきたし、一九九〇年代には機能不全があきらかとなった。その原因は数多く、また重なり合っている。たとえば、他国の工業化がすすんで、その発展にアメリカ国内の製造業が負けて衰退したことと、製造業に代わってサービス業が発展したことは、重要な原因である。

アメリカでは、製造業に力のつよい労働組合が組織されていたから、製造業の衰退によって、製造業における労働組合員数は停滞した。他方、サービス業は発展し、そこで働く労働者は増加したけれども、労働組合が組織する労働者は少なかった。その結果、アメリカの労働組合組織率は、一九四五年に三五・五％であったが、六〇年代から低下が目立ちはじめて、一九八三年に二〇・一％へ、二〇一〇年に一一・九％へ低下した。民間企業だけでみると、六・九％へ低下した。労働組合組織率がこれほど低下すると、労働組合が要求をどれほど実現しても、アメリカ経済の全般的繁栄との循環関係を形成することはできない。そして、実のところは、製造業の衰退に影響されて、かつてのつよい労働組合も要求を実現することが容易ではなくなった。

この変化は、労働者の性別割合の変化とふかく関連した。製造業の組合員とは、実は、おもに男性組合員であって、男性組合員とその扶養する専業主婦の妻と子どもが、ニューディール時代に形成された雇用社会システムの出発点となる家族であった。ところが、労働組合組織率の低下によって、この家族の役割が限定的なものになってしまった。他方、サービス業の発展は女性労働者の雇用を著しく増加させ、女性労働者の比率を高めた。言い換えると、専業主婦を減少させた。しかし、彼女らに労働組合員は少なく、彼女らを組織する労働組合もつよくはなかった。結果として、彼女らの賃金水準は低く、労働条件は恵まれないことが多かった。さらに、サービス業の発展はまた、自営業的な働き方の労働者や細切れの期間でしか雇用されない労働者を増加させた。女性労働者も、このような労働者も、ニューディール時代に形成された既存の雇用社会システムが想定しなかった労働者であったが、そうした労働者が増加したのである。

さて、他国の工業化は、他国における在来の農業や自営商工業を衰退させ、産業構造を変化させたことも重要である。こうした変化のため、これまでの暮らし方ができなくなる人々が、他国で生み出された。そして、その一部は仕事を求めてアメリカに移住し、アメリカで働いて生活する労働者となった。他国の工業化がアメリカへの移住労働者を生み出したのである。移住労働者は、英語が不自由なことも一つの理由になって、賃金水準は低く、労働条件は恵まれないことが多かった。移住労働者もまた、ニューディール時代に形成された既存の雇用社会システムが想定しなかった労働者であった。これら労働者が、貧困大国アメリカの中心をしめている。

誰が「排除」され、誰が「包摂」するのか

これら労働者の状況について「社会的排除」と「社会的包摂」との概念を使って説明すると、つぎのように説明できるだろう。まず、これら労働者は、既存の雇用社会システムから「排除」された存在である。アメリカ社会の変化によって、その存在が多数となったのである。しかし、これら多数労働者の「排除」状態は是正すべき課題である、このようにアメリカの少なくない人々は考えた。そうしたアメリカの人々が、創意と工夫をこらして、これら労働者をアメリカ社会へ「包摂」することを

めざした。その結果が、この二〇年ほどの間に新しくつくられた労働組織とそのネットワークということになる。

さらに、ここでいう「創意と工夫をこらしたアメリカの人々」は、その相当部分が「女性」であることに留意したい。それは、とくに第1章と第2章で紹介する組織に目立っている。女性もまた、既存の雇用社会システムから「排除」された存在であったから、彼女らが「創意と工夫」の相当部分をになうことは、当然とすらいってよいだろう。

私たちが注目した労働組織とそのネットワークは、もちろんだけれども、近年のアメリカ社会でも注目されている。一つ一つの組織は小さいけれども、アメリカ社会を底辺から動かす力を蓄えつつある。

この点で注目されるのは、私たちが注目した組織の多くが、若い社会オーガナイザーを育てていることである。多くの組織では、多数の若いインターンを受け入れている。女性のインターンが多い。インターンは、それぞれの組織で、人々を組織し活動の輪を広げる経験を積むのである。学生を含めて、インターンを希望する若者は多い。そこで、インターン希望者の誰を受け入れるかは、組織の側が決める。こうして育てられた若い社会オーガナイザーは、しばしば女性であって、やがて、これら組織を守り立て、運動を拡大していくのである。

若い社会オーガナイザーは、ときには、政治の世界にも入っていく。よく知られたことだが、オバマ大統領は、政治の世界に転身する前のシカゴ時代に、弁護士になる前もなった後も、いくつかの組織で働いていた。オバマ大統領がかつて働いていた組織は、私たちが注目した組織と同種の組織である。ここで、彼は人々を組織することを学んだ。彼の経歴は、大統領の経歴としてはユニークだが、多数の若い社会オーガナイザーのなかの一人が転身して大統領になったのだと考えれば、それほど不思議なことではない。

二〇一一年秋のニューヨークで、ウォール街占拠運動が起こった。貧困大国アメリカへの抗議と、その改善を要求する運動だった。この運動を、私たちが注目した組織の一つであるワーカーセンターも、つよく支持していた。むしろワーカーセンターは、ウォール街占拠運動を下支えした組織であったとさえいってよいと思う。ウォール街占拠運動は、姿を変えても全米の大都市で受け継がれているので、ワーカーセンターもその下支えの組織であり続けるだろう。

私たちは、労働政策研究・研修機構が二〇一〇年度と二〇一一年度に実施した調査研究に参加した。調査研究で得られた知見を、労働政策研究報告書一四四号「アメリカの新しい労働組織とそのネットワーク」にまとめた。報告書は二〇一二年三月に公表された。私たちは、一般読者に読みやすいように、報告書の内容と構成をあらためるとともに、いくつかの記述も追加して、この本を執筆した。この本が日本社会を立て直したいと思っている多くの人々に読まれることを願っている。

二〇一二年八月一七日

遠藤公嗣

目　次

第 *1* 章
権利をまもる
——労働組合でない権利擁護組織の発展

〈遠藤公嗣〉

右の女性がプリシラ，左はテキサスから来たインターン学生．左は遠藤，右は山崎

AFL-CIO の加盟承認書を手にするバイラービ

1　ワーカーセンター

ワーカーセンターとは

雇用労働者の権利をまもるための新しい労働者組織としてもっとも代表的なものは、ワーカーセンターと呼ばれる組織である。この二〇年間で、アメリカの各地で結成されて急速に数を増やしてきた。アメリカ国内でも、その存在がよく知られるようになり、ワーカーセンターという通称が定着したのは、二〇〇六年以降といってよい。というのは、この年、ジャニス・ファイン(現在はラトガース大学准教授)が『ワーカーセンター』という書名の本を刊行し、それが好評を得たからだ。これ以前は、疑似ユニオンなど別の名称が使われることもあって、通称がまとまっていなかった。現在は、アメリカで二〇〇〇を超えるワーカーセンターが存在し活動している。

ワーカーセンターは多様であって、その厳密な定義は難しい。しかし、そのおもな特徴は、つぎの六点にまとめられる。①中南米やアジアや中近東など、外国からアメリカへ移住してきた労働者をメンバーの中心とすること、②コミュニティを基盤とする組織であること、③メンバーの権利擁護を主目的とし、生活支援を副目的とすること、④経費のおもな財源は、民間財団と政府からの寄付金や補助金であること、⑤法人格は、多くの場合、アメリカの内国歳入法典第５０１(c)(3)が適用される

NPO（非営利団体）であること、⑥多くの人々の認識では、労働組合とみなされないこと、である。

ワーカーセンターが、その目的を達成するためにおこなっている活動は、つぎの五分野だ。もっとも、ワーカーセンターすべてが、五分野すべてをおこなっているわけではない。①メンバーへの英語教育の提供、一部のワーカーセンターではメンバーへの職業訓練の提供、②移民法、労働法、差別禁止法、労働災害補償など、メンバーへの労働者の権利擁護に関する法令教育の提供、③メンバーに対する経営者の各種法令違反を指摘して、その順守を経営者に要求するキャンペーン、④賃金未払いや不当解雇などの法的救済について、メンバーへの弁護士による法律扶助の提供、⑤法律上でなく事実上の団体交渉の実行、である。

おもな特徴の六点をそなえ、五分野の活動のいくつかをおこなうことが、ワーカーセンターという組織モデルである。

最初のワーカーセンターといわれるのは、一九九二年にニューヨーク市の東どなりの地域に設立されたワークプレイス・プロジェクトという名の組織である。創設者はジェニファー・ゴードンである。彼女自身は、ワークプレイス・プロジェクトに先行する類似組織があるというけれども、ワーカーセンターという組織モデルをはじめて自覚したという意味で、ワークプレイス・プロジェクトが最初のワーカーセンターといわれてよいと思う。

ジェニファーは、一九八七年にハーバード大学ラドクリフ・カレッジを次席で卒業し、九二年にハーバード大学ロースクールをやはり次席で卒業した秀才である。弁護士資格をもつ。ロースクール在学中の二年間、ＮＰＯにパート勤務して、中米からの政治難民へのサービス提供にかかわった。その勤務中に、政治難民よりも移住労働者の不当な処遇を改善する必要を感じた。そこで、ロースクール在学中にワーカーセンターという組織モデルを考案し、卒業直後に民間財団からの補助金を得て、ワークプレイス・プロジェクトを創設した。創設した九二年から九八年まで、理事長を務めた。現在はフォーダム大学ロースクール教授である。

ワーカーセンターを、その基盤とする「コミュニティ」の違いによって、二種類に便宜的に区分して紹介したい。一つは、地域的コミュニティを基盤とするワーカーセンターであり、ワークプレイス・プロジェクトはこちらである。もう一つは、職業的コミュニティを基盤とするワーカーセンターである。前者を、地域ワーカーセンターと呼び、後者を、職業ワーカーセンターと呼ぶことにしよう。ただし、地域と職業のコミュニティが重複することがあり、したがって、二種類が重複するワーカーセンターもある。

地域ワーカーセンターの活動

地域ワーカーセンターの多くは、職業ワーカーセンターよりも、規模が小さい。その活動について、ニュージャージー州のニューレイバーという地域ワーカーセンターの活動で紹介しよう。ニューヨークのペンシルバニア駅から郊外電車で小一時間のところに、ニューブランズウィック駅がある。駅の近くで、市庁舎の裏の位置に、ニューレイバーのオフィスはある。私たちに活動を話してくれたのは、若いスタッフのロウ・キメルである(写真1－1)。メンバーの職場はオフィスの周辺にあり、近くの工場や倉庫で働くメンバーも多い。メンバーの多くはスペイン語が母語である。活動の五分野のうち、どちらかといえば、①②③の側に傾いている印象である(写真1－2)。

ニューレイバーは、メンバーへの英語教育に力を入れている。その理由はいくつかある。そもそも、英語が不得意な労働者は、自分の権利を主張してまもることができないからである。また、英語ができるほど、賃金水準の高い仕事に就きやすいからでもある。そして、英語が母語でない移住労働者に英語教育をおこなうと、政府からの補助金が得られて、組織の経費にあてることができるからである。

英語教育は、労働法などの権利教育と結びつけられている。オフィスに掲示されていた教材の文例(写真1－3)は、権利をまもるための会話であって、それを訳すと、つぎのとおりであった。

1－1　ロウ・キメル

1－2　組織化を強調するポスター

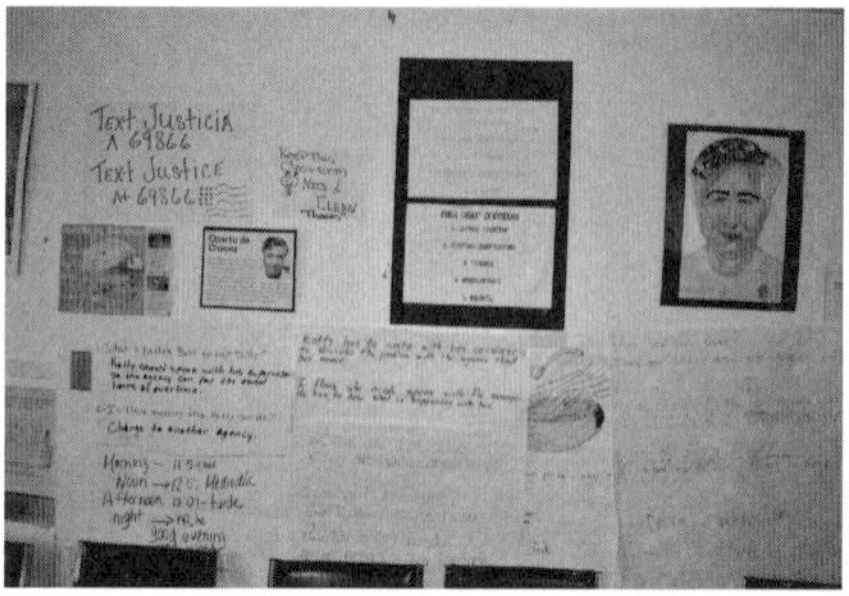

1－3　壁の掲示物

1－4　カトリック教区からの感謝状

問　「カティの最善の選択は何か？　その理由は？」

答A　「カティは監督者に話すべきである。そうすると、派遣元は支払い義務のある残業時間分の賃金を支払うことができる」

答B　「カティは同僚労働者と団結し、自分のお金の問題を派遣元と議論しなければならない」

答C　「彼女は管理者と話をする必要があると私は思う。彼は彼女に起こったことを知らなければばならない」

残業時間分の賃金を労働者が請求しても、経営者が支払わないとき、どのようにして経営者に支払わせるのか。ニューレイバーを支援する弁護士が、労働者の代理人として請求する。それでも支払わないときは、たとえば、経営者の自宅周辺で、賃金支払いをもとめるビラなどを配布して、経営者に圧力をかける。ユニークな方法としては、ニューレイバーを支援するカトリック教会の聖職者が、経営者のオフィスや自宅を訪れて、神の名のもとに労働者を正しく取り扱わなければならないとのメッセージを伝えるとともに、経営者のために神に祈りを捧げる、という方法がある。聖職者のこの行為は、経営者につよい圧力となる。

ワーカーセンターの支援者には、必ずといってよいほど、弁護士がいる。メンバーの権利擁護のために、その出番が多いからである。また、カトリック教会などが協力団体であることも珍しくない。ニューレイバーもまたそうであって、オフィスの壁には、近くのカトリック教区からの感謝状が何枚も掲示してあった(写真1-4)。

ワーカーセンターが介入することによって、労働者の権利がどれほど擁護されるのか。ニューレイバーの成果は知ることができなかったが、ワークプレイス・プロジェクトの成果の正確な数値を知ることができた。一九九三年、すなわち設立後の最初の一年間で、二六七人の労働者からワークプレイス・プロジェクトに相談があった。半数近くは、賃金不払いに関してであった。この相談を受けて、ワークプレイス・プロジェクトが経営者に応対し、その結果、一万八〇〇〇ドルの賃金を経営者に支払わせ、四万ドルの社会保障経営者負担分を納付させた。一九九二年一一月一日から一九九六年二月一三日までの三年あまりの期間では、相談にきた労働者の二六%が裁判に訴えた。二三四人の労働者のために、総額三三万五三九ドルを裁判で請求したのである。その結果、総額二一万六一一九ドルの支払い命令を裁判で勝ち取り、総額一五万四六九五ドルを実際に経営者に支払わせた。

職業ワーカーセンター

職業ワーカーセンターは大都市に存在する。都市規模が大きいほど、単一の職業で働く移住労働者の数が多くなるので、それだけ職業ワーカーセンターは結成しやすいのである。メンバー数も財政規模も、職業ワーカーセンターは、地域ワーカーセンターよりも大きい。ここでは、ニューヨークにある三つの職業ワーカーセンターを紹介する。家事労働者、タクシー運転手、レストラン労働者、のそれぞれの職業ワーカーセンターである。

活動分野については、地域ワーカーセンターと同様の活動リストをあげることができるものの、どちらかといえば、③④⑤の側に傾いている印象である。また、家事労働者とレストラン労働者のワーカーセンターは、教育や職業訓練の提供を重視している。

職業ワーカーセンターの活動分野は、労働組合のそれに近い。この点で留意したいことは、家事労働者とタクシー運転手が、アメリカの全国労働関係法(ワグナー法)の規定によって、同法の保護を受ける労働組合を結成できないことである。そこで、家事労働者とタクシー運転手は職業ワーカーセンターを結成しているが、実質として、それは労働組合に近い機能をもっている、ということもできよう。

家事労働者連合

1－5　家事労働者連合

家事労働者連合は、家事労働者の職業ワーカーセンターである(写真1－5)。二〇一一年現在のメンバーは約四〇〇〇人であって、ほぼすべてが移住労働者である。カリブ海、中南米、アフリカなどの出身者が多い。ちなみに、ニューヨーク市には約二〇万人の家事労働者がいると推測されている。

一九九九年に、アジア人の権利擁護を目的とする二つのＮＰＯ(ＣＡＡＡＶとＡｎｄｏｌａｎ)と、ワークプレイス・プロジェクトの一部が、家事労働者の組織結成を話し合いはじめた。同じ年、ジャマイカ出身の家事労働者が奴隷状態であったことの損害賠償として、ＣＡＡＡＶの活動で総額一二万ドルを勝ち取った。これを実績に、家事労働者連合は二〇〇〇年に結成された。

家事労働者連合が重視する活動の一つは、メンバーへの教育プログラムの提供である。たとえばベビーシッターに対して、コーネル大学労働教育プログラムと協力し、基礎的な小児科学や幼児心理、雇用主とのコミュニケーションや交渉の方法を教える。またリーダーシップ訓練プログラムとして、積極的な活動家の養成を目的とした教育プログラムがある。メンバーがプログラムを受講して修了すると、家事労働者連合から修了証を渡す。

家事労働者の雇用労働条件の明確化も重視している。そのため、標準的な雇用契約書のひな形をメンバーに提供して、これで雇用契約を結ぶことを勧めている。また、ガイドライン文書を作成して雇用主に渡し、家事労働者を啓蒙する活動もすすめている。この点でのユニークな活動は、ニューレイバーで聞いた活動と同じで、教会の聖職者が雇用主に対して「家事労働者に良い労働条件を与えることが、雇用主としての宗教上の正義である」とのメッセージを伝えるようにすることである。

さらに、ニューヨーク州の政府と議会へ働きかけて、立法政策を要求することも重要な活動である。活動の最近の成果は、「家事労働者の権利章典」を州法として制定させ、二〇一〇年一一月から施行させたことである。この「家事労働者の権利章典」は、ニューヨーク州の家事労働者に最低限の労働条件を設定し、それを保障する法である。標準的な雇用契約書のひな形は、この「家事労働者の権利章典」を基礎としている。

家事労働者連合のつぎの立法政策要求は、家事労働者をニューヨーク州労働関係法の適用対象とさせ、家事労働者に団体交渉権を保障する法改正である。二〇一一年には、そのための活動と働きかけがはじまっていた。

家事労働者連合の二〇一一年現在の理事長は、プリシラ・ゴンザレスである（本章扉の写真）。彼女はニューヨークのハーレムで育った。子どもの頃、母のマルシアは家事労働者であった。コロンビア大学のバーナード・カレッジと英国のロンドン・スクール・オブ・エコノミクスを卒業し、ニューヨークに帰って、あるNPOで職を得た。しかし、しだいに家事労働者の権利を擁護する仕事に関心が向いた。家事労働者であった母が雇用主に不当に扱われたことを、忘れられなかったのである。家事労働者連合はそれを克服できる、プリシラはこう考えた。二〇〇三年から週末ボランティアとして手伝いはじめ、二〇〇八年にスタッフになり、二〇〇九年から理事長となった。

タクシー労働者連合

ニューヨーク・タクシー労働者連合(写真1-6)は、タクシー運転手の職業ワーカーセンターである。現在のメンバーは一万五〇〇〇人以上であり、ほぼすべてが男性の移住労働者である。ニューヨーク市のタクシー運転手は推定四万五〇〇〇人なので、組織率は三〇%以上である。

アメリカのタクシー運転手の多くは、タクシー営業免許とタクシー車両を業者から借り受けて、営業をおこなう。そのため、アメリカ法の下では、タクシー運転手の多くは自営業者扱いである。営業免許とタクシー車両の借り受け料は高額なため、売り上げ額のうちで運転手の取り分は少ない。そのため、取り分を増やそうとして、運転手は長時間労働をする。全体として、タクシー運転手の労働条件は恵まれない。この改善がタクシー労働者連合の重要な活動目的となる。

さらに、交通規則違反の手続きについて、タクシー労働者連合が運転手を代理していることも重要

1－6　ニューヨーク・タクシー労働者連合オフィスの掲示

である。交通規則を違反したタクシー運転手は、その審問へ、自分の働く時間を割いて、出頭しなければならない。そこで、タクシー労働者連合が無料で運転手を代理すると、運転手は出頭しなくてよい。交通規則違反や交通事故にともなって、裁判所での法律上の代理が運転手に必要となった場合も、タクシー労働者連合が弁護士を安価に紹介する。

ニューヨーク・タクシー労働者連合は一九九八年に結成された。創設の中心人物であって、二〇一二年現在の理事長は、バイラービ・デサイという女性である（本章扉の写真）。彼女の経歴を追いながら、タクシー労働者連合を紹介しよう。彼女の経歴はアメリカでも珍しく、ニューヨークの雑誌にいくどか記事にされている。

バイラービは一九七二年にインドに生まれ、六歳のときに、両親とともにアメリカに移住し、ニュージャージー州で育った。同地のラトガース大学を一九九四年に卒業して、ＣＡＡＡＶ（家事労働者連合の母体となったＮＰＯでもある）に職を得て、タクシー運転手に社会サービスを提供する仕事に就いた。しかし一年余ののちに、退職した。バイラービは、社会サービスの提供ではなく、タクシー運転手の権利を擁護する組織の結成を決心したからである。彼女が二三歳のときである。彼女は、同志たちとともに、組織化活動をはじめた。

バイラービは、タクシー運転手の労働と生活を調べた。昼は空港の客待ちタクシーの間をまわり、午後はガソリンスタンドをまわり、夜は南アジアレストランをまわり、運転手の話を聞いて、ノートにメモしていった。一年も経たないうちに、ノートには七〇〇人分の情報メモがたまった。わかったことは、たとえば、空港の客待ち運転手とニューヨーク市中の流し運転手、夜シフト運転手と昼シフト運転手、運転手の出身国、の三点で、その労働と生活が相当に異なることであった。バイラービは現在でもかなりの童顔だけれども、二〇歳代と思われる写真の顔だと、まるで中学生のようだ。その彼女が男性ばかりのタクシー運転手の間で組織化活動をしていたのは、不思議な感じすらする。

活動をはじめて三年後の一九九八年、組織化がすすんで組織名称も決め、オフィス開設を準備していた。そのとき、当時のジュリアーニ市長が、タクシー運転手に対する新しい一七項目の規則を制定しようとしていることがわかり、運転手は怒りの声を上げた。バイラービらは、ジュリアーニ市長に交渉を要求して、運転手のストライキを組織し実行した。しかし、一七項目の多くを阻止できなかった。けれども、このときから、タクシー労働者連合は運転手たちのあつい信頼を得ることになった。

二〇〇四年、タクシー労働者連合はニューヨーク市の担当部局と交渉し、運転手の取り分を増加させるためのタクシー料金の値上げを実現した。タクシー労働者連合の大きな成果であった。これによって、運転手の取り分は三〇％以上増加したと思われる。それでも、運転手の取り分は低い水準であって、一日一二時間で週六日働く場合でも、年収は二万五〇〇〇ドルから二万八〇〇〇ドルといわれている。

1－7　オバマ大統領と握手するバイラービ

二〇〇七年、クレジットカード用の新しい機械導入の義務化に反対して、タクシー労働者連合は二度目のストライキを実行した。ストライキの日は、とくに朝方、ニューヨーク周辺の諸空港から出発する多くの航空便が欠航と遅延になってしまった。市中にタクシーがなくなって、出発時刻までに市内から空港にたどりつけない多くの乗客がいたからである。バイラービは運転手や報道陣の前で演説し、ストライキを指導した。ストライキは大成功で、義務化は阻止された。

同じ二〇〇七年、ニューヨーク・タクシー労働者連合は、ＡＦＬ－ＣＩＯの地域組織であるニューヨーク市中央労働協議会に加盟を許された。ＡＦＬ－ＣＩＯはアメリカの労働組合全国中央組織である。タクシー労働者連合は、法の上では自営業者の組織であった。このような組織が、はじめて労働組合の公式組織に加盟したのである。当時のＡＦＬ－ＣＩＯスウィーニー会長が署名した加盟承認書の実物が、タクシー労働者連合のオフィスにあった（本章扉の写真）。

二〇一一年、全国タクシー労働者連合が結成され、この組織がＡＦＬ－ＣＩＯの五七番目の加盟団体となった。法の上で自営業者の組織がＡＦＬ－ＣＩＯに加盟したのは、これが最初であった。

タクシー労働者連合はオバマ大統領と密接な関係がある。バイラービはホワイトハウスに招待されたことがあり、オバマ大統領から「私もオーガナイザーだったよ」と声をかけられたという（写真1-7）。タクシー労働者連合のオフィスの掲示写真によると、二〇〇九年一一月二四日に招待されたパーティでは、バイラービは白いパーティドレスをまとい、黒いタキシード姿の数人のいかつい男性役員をしたがえて出席していた。おとぎ話のような写真だ。また、全国タクシー労働者連合がAFL-CIOに加盟したことを祝う短時間の式典が、オバマ大統領の出席と祝辞によって、ホワイトハウスで開催されている。

ロック・ニューヨーク(ROC-NY)

ロック・ニューヨークは、ニューヨークのレストランで働く労働者をメンバーに組織する職業ワーカーセンターである。正式名称ではなく、ロックと短縮した通称がもっぱら使われる。ロック・ニューヨークは、二〇〇一年から二年にかけて結成された。現在、ロック・ニューヨークは約四六〇〇人のメンバーを組織している。メンバーは移住労働者が多い。

ロック・ニューヨークは、みずからの活動分野を三つに分類している。

第一の活動は「職場の正義キャンペーン」と名付けた活動で、メンバーがオーナーから公正に取り扱われることを要求する活動である。これはワーカーセンターによくある活動だが、レストラン労働者に特有な課題のための活動に取り組んでいる。それを説明しよう。現在のアメリカの習慣では、レストランで客として飲食すると、飲食代に加えて、その一五％前後をチップとして支払う。このチップは、レストラン労働者が受け取るべきものである。しかし客は、飲食代とチップをまとめて、店側に支払うことも多い。この場合は、あとで、オーナーがチップ分をわけて労働者に渡す。ところが、オーナーが労働者に渡すチップをごまかして、横取りしようとすることがある。これをさせないで、労働者にチップを渡させるのが、「職場の正義キャンペーン」の重要な活動の一つである。

第二の活動は、チップを受け取る労働者の最低賃金額を引き上げさせる、という活動である。チップを受け取る労働者の最低賃金額については、公正労働基準法（日本の労働基準法にあたる）の特別規定となっていて、その定める最低賃金額は、現在、時間あたり二・一三ドルである。他方、特別規定でない通常労働者の最低賃金額は、二〇〇七年の法改正から七・二五ドルである。だから、チップを受け取る労働者の最低賃金額は非常に低い。法の考え方は、労働者の受け取るチップ分があるので、オーナーが支払う賃金は低くてかまわない、である。これに対して、ロック・ニューヨークの要求は、チップを受け取る労働者の最低賃金額を、通常労働者のそれの七〇％水準まで引き上げること、少なくとも時間あたり五・五〇ドル以上にまで引き上げること、であり、そのための法改正をめざしている。

第三の活動は、レストラン産業の労働者とオーナー、それに市行政機関、の三者間の協力を推進する活動である。そのために、三者による組織として「ラウンドテーブル」を二〇〇五年に結成した。そして、「ラウンドテーブル」の名で、レストランのオーナー向け小冊子を二〇〇六年から発行し、そのなかで、労働者の処遇についてのオーナーの法的義務を解説した。この小冊子は、ニューヨーク市内でレストランの開業許可を得たいオーナーへ、市が配布することにした。また「ラウンドテーブル」に加わるオーナーのレストランを、ハイロード・レストランと呼んで、それらを客に紹介するパンフレットを発行した。ハイロード・レストランとは、各種法令を守り、労働者の権利と能力開発と労働環境に配慮するレストランという意味である。その第二版は二〇一一年七月に発行された。

レストラン「カラーズ」

ロック・ニューヨークの活動で目立つのは、社会的企業を経営していることである。二〇〇六年にニューヨーク市中心部に開店したレストラン「カラーズ」である。「カラーズ」の名称は、ニューヨーク市のレストラン業界の多様性を象徴している。ロック・ニューヨークの結成から「カラーズ」開店まで五年もかかったが、その間は、イタリアまで出かけて社会的企業を調査研究したり、出資者を集めることに費やされた。

レストラン「カラーズ」が客をむかえる営業日は、水曜日から土曜日までの週四日しかない。しかし、店舗をつかった訓練プログラムは週七日おこなわれている。「カラーズ」の第一の目的は、メンバーに訓練プログラムを提供することにある。「カラーズ」開店から二〇一一年九月までに、二〇〇〇人以上の若いレストラン労働者が訓練プログラムを受講して修了した。二〇一一年の一年間では、約一〇〇〇人が受講する予定であった。

この訓練プログラムは、ロック・ニューヨークにとって非常に重要である。アメリカでは、料理人になるには料理人学校に通学して修了し就職するコースが普通である。通学には、年あたり少なくとも二万五〇〇〇ドルの学費が三年間かかる。しかし、貧しい移住労働者はこの費用を負担できず、料理人学校に通学できない。そして、料理人学校を修了していないと、たとえレストラン業界に職を得ることができたとしても、給与水準の高い仕事への採用や昇進で、不利になる。結果として、給与水準の低い仕事にとどまることが多くなる。貧しい移住労働者にとっての、この不利を克服するのが、「カラーズ」が提供する訓練プログラムである。

ロック・ニューヨークは、訓練プログラムを受講して修了した労働者に、レストラン業界の仕事の空席を紹介する。レストランのオーナーには、修了した労働者を推薦する。修了した労働者がよりよい仕事に就けるように、ロック・ニューヨークが仲介役を務めるのである。仕事の空席の情報は、ロック・ニューヨークのネットワークによって集められる。そもそも、空席情報を集めて失職中のメンバーに紹介するのが、ロック・ニューヨークの最初の機能であった。

「カラーズ」の訓練プログラムを受講して修了すれば、ロック・ニューヨークの紹介によって、よりよいレストランの仕事に就くことができる、この因果関係の成立が重要である。レストラン労働者がこの因果関係を理解すると、ロック・ニューヨークの権威は高まり、それはメンバーの増加につながる。メンバーの増加は、今度は、レストラン業界の空席の情報収集と、レストランのオーナーへ訓練プログラムを修了した労働者を推薦することを、ますます円滑化させる。このよい循環関係ができることをめざしている。

ロック・ニューヨークと九・一一攻撃

ロック・ニューヨークの結成は、二〇〇一年九月一一日の世界貿易センタービルへのテロ攻撃と密接な関係にある。世界貿易センタービル一〇七階には「世界の上の窓」という名のレストランが営業していたが、九・一一攻撃で、このレストランの労働者七三人が犠牲となった。フェカーク・マムドウは、このレストランのウェイターであり、同時にホテル・レストラン従業員組合の職場委員だったが、彼は非番で生き残った。九・一一の後、ニューヨーク市のレストラン業界は不況となって、一万二〇〇〇人以上のレストラン労働者が失業した。フェカークはレストラン労働者の恵まれない労働生活条件を痛感していた。一〇月に、ホテル・レストラン従業員組合からフェカークに、レストラン労働者の新しい組織を結成する話がきた。この話の組合側の担当者は、サルー・ジャヤラマンであった(写真1-8)。

1-8　右がサルーで左がフェカーク

サルーは、インド移民の娘である。ロサンゼルスのメキシコ系住民が多いところで生まれた。そのため、彼女はスペイン語がよくできる。一七歳のときに、女性のリーダシップ・スキルを教える組織を設立した。この業績と学業優秀のため、カリフォルニア大学ロサンゼルス校在学中に、クリントン大統領から表彰された。卒業後、エール大学ロースクールに進学し卒業した。弁護士資格をもつ。さらに、ハーバード大学ケネディ行政学院でも学び修士号を取得した。その後、ワークプレイス・プロジェクトでスタッフとして働き、同時に、ニューヨーク大学などで講師を務めた。九・一一後に、ホテル・レストラン従業員組合にオーガナイザーとして招かれた。

フェカークとサルーは、新しい組織の結成について相談を重ねた。同時に、「世界の上の窓」元従業員に声をかけ、新しい組織のメンバーとしていった。最初にメンバーになったのはセコウ・シビーで、彼は「世界の上の窓」のライン担当料理人を務めていた。二〇〇二年四月までには、この新しい組織の名称をロック・ニューヨークと決めた。ロック・ニューヨークは、集まったメンバーの間で、レストラン業界における仕事の空席の情報交換や、不当な労働条件の批判をはじめていた。

二〇〇二年六月、「世界の上の窓」のオーナーであったデイビッド・エミールは、レストラン「ノーチェ」の新規開店を準備していて、一六人の「世界の上の窓」元従業員を再雇用していた。フェカークとサルーは一六人は少なすぎると考え、五〇人の元従業員とともに「ノーチェ」前にピケを張って抗議した。フェカークはハンドマイクでシュプレヒコールをリードした。その結果、デイビッド・エミールは一五人の追加雇用を約束した。ロック・ニューヨークはこれを予想外の勝利と考えた。ほどなく、ケーブルテレビのニュース番組が、サルーにインタビューするとともに、この闘争と、ロック・ニューヨークがレストラン労働者の権利を擁護する活動を報道した。そして、ロック・ニューヨークの電話番号を画面中央に示して「問題があれば電話を」とキャスターが述べた。その翌日、ロック・ニューヨークの電話は鳴り続けた。これが組織化進展の契機となった。

ロック・ニューヨークの理事長は結成時からサルーが務めていて、「カラーズ」担当理事はセコウであった。二〇一二年にサルーは全国組織であるロック連合の理事長となり、セコウがロック・ニューヨークの理事長となった。

メイク・ザ・ロード・ニューヨーク(MRNY)

メイク・ザ・ロード・ニューヨーク(MRNY)は、ワーカーセンターに分類してよいのかどうか、疑問が残る組織である。話してくれた共同理事長のアンドリュー・フリードマンによると「MRNYの活動の一部はワーカーセンターに近い。しかしMRNYは、ワーカーセンターよりも多様な問題に対処しているし、規模もずっと大きく、また、政治的影響力がはるかに大きい」であった。

MRNYは、二〇〇八年に、ラテンアメリカン差別撤廃センターとメイク・ザ・ロード・バイ・ウォーキングの二つの組織が合併してできた。後者の組織が結成された経緯をふり返ろう。アンドリュー・フリードマンは、コロンビア大学を卒業し、ニューヨーク大学ロースクールに学んだ。在学中の一九九六年に、オオナ・チャタジーら同級生と、ラティノ・ワーカーセンターでインターンとなった。オオナはインド移民の娘であって、エール大学を卒業していた。祖父がインド独立闘争に加わっていたことを誇りとしていた。アンドリューとオオナらは、インターン経験に感銘を受け、勉強会をもって、独自のワーカーセンターを構想した。そして在学中の九七年に、アンドリューとオオナが、メイ

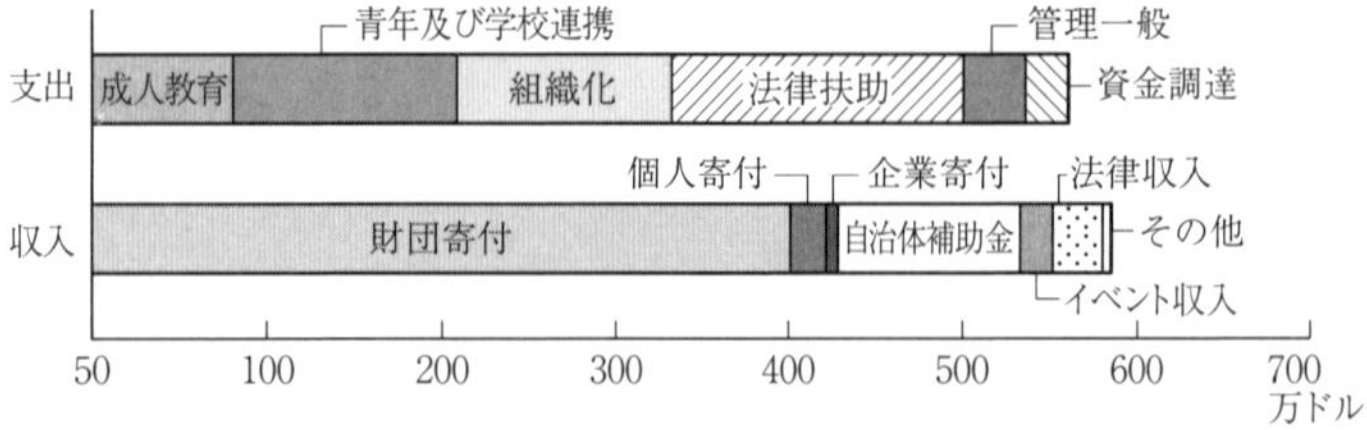

図１－１　MRNYの収支

ク・ザ・ロード・バイ・ウォーキングという名称のワーカーセンターを創設し、二人が共同理事長となった。九八年の卒業後も、二人はそこでの活動を続けた。そして、二〇〇八年の合併によって、ＭＲＮＹの共同理事長としての活動となった。

現在、ＭＲＮＹのメンバーは八〇〇〇人を超え、おもに低所得のラテンアメリカ系移住労働者であり、その七五％は女性である。活動を支えるスタッフは一一〇～一二〇人で、そのうちフルタイムが約七〇人である。スタッフが一〇人を超えるワーカーセンターは少ないので、ＭＲＮＹは飛び抜けて大規模である。オフィスは、ニューヨーク市内の三カ所にある。

財政規模も非常に大きい。二〇〇八年のおおまかな収支（図１－１）と、収入のうちの寄付金および補助金を支出した団体のリストが公表されている。

ＭＲＮＹの収入

収入の特徴をみよう。

第一に、寄付金と補助金が、収入の九〇％以上であることがわかる。寄付金（補助金）額が二〇万ドル以上のもっとも高額を寄付したのは三者であって、ロビンフッド財団、ニューヨーク市青年コミュニティ開発局、ニューヨーク州健康局、である。ロビンフッド財団は、ニューヨークの貧困者救済のみを目的とする財団である。ヘッジファンドのマネジャーらが一九八八年に創設した。金融機関のマネジャーが現在も財団役員である。

第二に、寄付した財団には、故人の遺産を基金とすると思われる財団と、民間企業が設立したと思われる財団が少なくない。なお、財団でなく、企業そのものからの少額の寄付もある。

第三に、財団寄付に分類されていると思われるが、労働組合から少なくない額の寄付がある。高額なのは、小売・卸売・デパート組合（国際食品商業労働組合の傘下にある）の二万五〇〇〇ドル以上の寄付と、建設労働者組合（LIUNA）の計一四の支部や地域組織からの計三万ドル以上の寄付である。そのほかでは、ホテル・レストラン従業員組合や教員組合などからの寄付がある。

第四に、ロック・ニューヨークとニューヨークのジョブズ・ウィズ・ジャスティス（この組織については、第4章を参照）が、それぞれ二万五〇〇〇ドル以上の寄付をしていることである。両組織はMRNYのとなりにあたる組織なので、この寄付は、両組織とMRNYとの間の相互連携の証のような寄付なのかもしれない。

第五に、法律収入が掲示されていることである。アンドリューによれば、裁判で勝訴の場合に入ってくる収入であるが、詳細は聞いていない。

第六に、メンバーからの会費は、明示されるほどの額にならないことである。

ＭＲＮＹの法律扶助

支出の内訳として、法律扶助が大きい。法律扶助について、やや詳しく述べたい。

この支出のかなりの部分は、アンドリューによれば、ＭＲＮＹが雇用する六、七人の常勤弁護士の給与であろう。常勤弁護士の仕事は、たとえば、賃金未払いの被害をうけたメンバーの代理となり、未払い賃金額を計算して雇用主に支払いを求めることである。この場合、メンバーが負担する費用はない。

常勤弁護士のほかに、多数のロースクール学生がＭＲＮＹの法律扶助活動に参加している。彼らの参加は、ロースクールの正規授業の一つとしてのフィールドワーク(実習)である。このようなフィールドワークは、ロースクールの一般的な授業の一つである。たとえばアンドリューは、母校ニューヨーク大学ロースクールの非常勤教授を務めていて、フィールドワーク科目で一〇人の学生を指導している。彼らがＭＲＮＹのオフィスに来て、法律扶助に関連する仕事をするのである。

フィールドワーク学生が来るのは、ニューヨーク大学ロースクールのほか、ジェニファー・ゴードンが教えるフォーダム大学ロースクール、ニューヨーク市立大学ロースクール、カルドーゾ・ロースクールである。カルドーゾの学生は、労働問題というよりも移民問題について活動することが多い。社会事業大学とも連携している。

二〇〇八年中の成果としては、一五一〇件の法律事件が決着し、それは四九二三人に影響する事件であって、八九〇万ドル以上を移住労働者のために獲得した。
法律扶助の活動は重要だが、アンドリューによれば、労使間の全般的な力関係を変えることにはならない。そこで、より効果的な、つぎの三つの方法ないし戦略を考え出した。これが「職場の正義プロジェクト」である。

職場の正義プロジェクト

第一は、ニューヨーク州の労働局など、労働法執行機関との連携である。たとえば、MRNYの監視活動が雇用主の賃金未払いなど法律違反をみつけると、それを労働法執行機関に通報する。通報を受けて、労働法執行機関は査察に入り、それを摘発する。MRNYは広報も担当する。多額の賃金未払い問題を解決したという広報によって、雇用主には警告の、労働者には安心と激励の、それぞれメッセージを送るのである。

第二は、労働組合との連携である。たとえば未払い賃金問題について、それだけの解決をめざすのではなく、労働者を労働組合に組織し、職場での長期的な力を得る手段として、それを利用するのである。具体的にいえば、未払い賃金一〇〇万ドルを支払わせるのではなく、三〇万ドルの支払いと、労働者に有利な雇用契約や、労働組合との協約を得ることをめざす。

第三は、立法政策である。たとえば、二〇一〇年に「賃金不払い防止法」と名付けた州法草案を作成した。この草案では、賃金未払いのとき、未払い賃金額に上乗せ額を加えて雇用主に支払わせる義務を課し、さらに、賃金支払いを求める労働者に雇用主が報復的な解雇をおこなうと、解雇労働者一人あたり一律一万ドルの罰金を科す。これに続いて、二〇一一年には、有給の病気休暇を労働者に保障する州法草案の作成に取り組んでいた。

これらの実現のため、州議会の議員への働きかけをつよめている。ＭＲＮＹには政治活動をになうための別運営の姉妹組織があり、それが働きかけを担当している。

2　全国ネットワーク・労働組合との関係

ワーカーセンターの全国ネットワーク組織

さきに紹介した三つの職業ワーカーセンターのそれぞれが、同種のワーカーセンターと全国ネットワーク組織を形成している。すなわち、家事労働者連合は二〇〇七年に全国家事労働者連合を結成した。ニューヨーク・タクシー労働者連合は二〇〇七年に国際タクシー労働者連合を結成し、それをもとに二〇一一年に全国タクシー労働者連合を結成した。ロック・ニューヨークは二〇〇八年にロック連合を結成した。

これらのほか、地域ワーカーセンターを中心に、広範なタイプのワーカーセンターを組織した全国ネットワーク組織がある。その例として「信仰の垣根を超える労働者の正義（IWJ）」と「全国日雇い労働者組織化ネットワーク（NDLON）」を紹介しよう。

信仰の垣根を超える労働者の正義（IWJ）

「信仰の垣根を超える労働者の正義（IWJ）」という宗教者のネットワーク組織は、日本にこれまで紹介されたことがないと思う。その名称に込められた意味は、宗教間の違いを超えて労働者の正義を追求することである。一九九六年にシカゴで、キム・ボボにより結成された。キムはフランス系の女性である。彼女が二〇一二年現在も理事長であり、キリスト教の各派、ユダヤ教、仏教など多様な宗派の多数の聖職者たちが理事となっている。IWJのミッションは、低賃金労働者の労働条件の改善について、そして、宗教と労働運動とのパートナーシップの再構築について、宗教的価値観を喚起することである(写真1－9)。

1－9 IWJのシンボル

IWJのミッションにそった活動の一つが、二つの全国ネットワークの組織化である。第一は、ワーカーセンターの結成とその全国ネットワーク化であり、第二は、各地域の宗教・労働グループの全国ネットワーク化だ。

IWJに加わっているワーカーセンターは、二〇一二年六月現在で二五である。二五のワーカーセンターのうちには、その名称に「信仰の垣根を超える労働者の正義」の言葉を含むとか、連絡先が聖職者となっているものが少なくない。これらの多くは、IWJが結成に関与していると思われる。他方、ニューレイバーやロック・ニューヨークもIWJに加わっている。IWJが結成に関与したワーカーセンターのスタッフは、おもに、神学や社会福祉等の分野を専攻した大学ないし大学院の出身者である。これらのスタッフ候補者は、まずIWJに採用され、組織化の手法、労働問題、財務などの組織運営に関する教育を受ける。その後、全国各地に派遣され、教会を基盤にワーカーセンターを立ち上げる。

各地域の宗教・労働グループとは、労働者の労働組合結成を支援し、地域の信仰団体と労働運動を結びつけ、労働者のための公共政策を推進するさまざまな団体のことである。「信仰の垣根を超えるグループ」とＩＷＪは呼んでいる。このような団体は全国各地域にある。二〇一二年六月現在で、その六〇以上をＩＷＪは組織している。このような団体の具体的な活動例は、ニューレイバーと家事労働者連合の紹介で述べたように、不正をおこなう経営者の事務所や自宅を聖職者が訪れて、神の名のもとに労働者を正しく取り扱わなければならないとのメッセージを伝えることである。労働組合がおこなうストライキやデモに、支援者として参加することもある。また、日常の教会活動を通じて、労働と正義に関するメッセージを信者に伝えたり、信者から労働問題に関する相談を受け付ける。

理事長のキムを紹介しておこう。彼女はコロンビア大学のバーナード・カレッジを宗教専攻で卒業し、ニュー・スクール・フォー・ソーシャル・リサーチ大学で経済学修士号を取得した。卒業後、いくつかのＮＰＯで職に就き、その間の一九八九年に炭坑労働者ストライキにかかわった。そのとき、労働者を支持する宗教リーダーを組織しようとしたのだが、労働者と関係のある宗教団体がないことに彼女は気づいた。一九九一年から、シカゴの宗教リーダー四人とともに、労働者を支持する宗教者のボランティア組織を運営した。これを母体として、一九九六年にＩＷＪを創設した。

全国日雇い労働者組織化ネットワーク（NDLON）

「全国日雇い労働者組織化ネットワーク（NDLON）」は、二〇一一年一一月現在で、全国の四三のワーカーセンターを組織している。四三のワーカーセンターは多様だが、カリフォルニア州内のワーカーセンターがやや多く、スペイン語表記のワーカーセンターもやや多い。

NDLONは、ロサンゼルスの二つのワーカーセンターを中心に、全国一三のワーカーセンターによって、二〇〇一年に結成された。NDLONの第二回大会は二〇〇二年に開催され、その決定で、NDLONは建設労働者組合（LIUNA）との協議を開始した。地方レベルでは、労働組合であるLIUNAとワーカーセンターは冷たい関係にあったから、この協議はこれを解消するスタートとなった。二〇〇五年の第三回大会では、NPO法人格の取得が決定された。

二〇〇六年八月九日、NDLONはAFL-CIOと公式パートナーシップ協定を結んだ。NDLONとLIUNAの長い協議の成果であり、ワーカーセンターと労働組合の冷たい関係を解消するための大きな一歩だった。この協定によって、NDLONのメンバーであるワーカーセンターが、AFL-CIOの下部組織と提携し協力することができるようになった。NDLONはまた、多数の日雇い労働者が働く住宅建設セクターで、LIUNAの組織化活動に協力することになった。NDLON第四回大会は二〇〇七年に開催された。

〈遠藤公嗣〉

ワーカーセンターと労働組合の冷たい関係

ワーカーセンターと労働組合との関係はどうだったのか。あらためて、これをふり返る。ワーカーセンターが発展した一九九〇年代には、両者は冷たい関係にあり、ときには対立した。LIUNA本部のヤリナ・メリノ(写真1－10)は、九〇年代後半、ロサンゼルスで発生した深刻な対立の例を記憶していた。彼女によると、日雇い労働者のワーカーセンターが、チラシを地域に配布して、個人家屋の清掃、ペンキ塗り、屋根仕事など何でもすると宣伝したのだが、さらに、労働組合が縄張り意識でもって日雇い労働者の仕事を妨害しているかのような記述をしていた。電気工の労働組合は、この記述について、日雇い労働者のワーカーセンターと話し合って解決するのではなく、いきなり裁判に訴えた。そして法廷で、「彼らは移民で、正式な入国許可書をもたない不法滞在者だ」と主張した。

1－10　ヤリナ・メリノ．左は遠藤，右は山崎

ワーカーセンターとLIUNA支部の間にも緊張した関係があった。LIUNAの労働者の仕事と日雇い労働者の仕事がしだいに重複するようになり、LIUNA支部はワーカーセンターを競争相手とみていたからである。

ＮＤＬＯＮとＬＩＵＮＡの間の協議は二〇〇二年からはじめられたが、協議の目的は、こうした冷たい関係を解消し、逆に、ワーカーセンターと労働組合に協力関係をつくることであった。

ＡＦＬ-ＣＩＯとＮＤＬＯＮの公式パートナーシップ協定

この協議の結実が、二〇〇六年八月九日に結ばれたところの、ＡＦＬ-ＣＩＯとＮＤＬＯＮの公式パートナーシップ協定であった。ＡＦＬ-ＣＩＯは、この公式パートナーシップ協定のことを、「歴史に残る」との形容詞をつけて現在もしばしば述べる。この形容詞は、その重要性をＡＦＬ-ＣＩＯがふかく認識していることを示している。二〇〇六年一二月一二日には、ＡＦＬ-ＣＩＯとＩＷＪとの間にも、同様のパートナーシップ協定が結ばれた。

さて、ＡＦＬ-ＣＩＯとＮＤＬＯＮの公式パートナーシップ協定が結ばれた同じ日に、ＡＦＬ-ＣＩＯ執行委員会は声明を発表した。声明のなかで、ＡＦＬ-ＣＩＯは、ワーカーセンターが今日の労働運動の強力かつ重要な構成部分であることを認め、ＡＦＬ-ＣＩＯの下部組織が認めるならば、個々のワーカーセンターがＡＦＬ-ＣＩＯの下部組織に正式構成団体として加盟できることを表明した。この声明にしたがって、ＡＦＬ-ＣＩＯの地域組織である中央労働協議会に全国で最初に加盟したのが、前述のように、ニューヨーク・タクシー労働者連合であった。

ＡＦＬ-ＣＩＯはまた、二〇〇六年に、本部に新たな役職をもうけた。全国ワーカーセンター・コーディネーターである。これに採用されて現在に至るのがエディー・アコスタであった。彼のおもな仕事は、ワーカーセンターと労働組合との間のコーディネートである。仕事の例として彼が述べたのは、オレゴン州ポートランド市のワーカーセンターと建築関係労働組合協議会との対立の調停であった。彼は、相談の電話を受けてから、関係者に多くの電話をかけて調整し、ポートランド市に飛んで両者を斡旋した。そして、ワーカーセンターの活動は労働組合にも有益であることを記した覚書を作成し、両者はそれに合意した。現在、両者間には対話関係がある。

ＡＦＬ–ＣＩＯとＮＤＬＯＮの公式パートナーシップ協定において、ＡＦＬ–ＣＩＯ側で推進したのは、アナ・アベンダーノであった。彼女は、ＡＦＬ–ＣＩＯの法律部門の弁護士であって、移民政策を担当し、仕事上、ワーカーセンターとの協力関係があったからである。二〇〇九年秋にＡＦＬ–ＣＩＯ会長に就任したリチャード・トラムカは、アナの功績について、「彼女は、ＡＦＬ–ＣＩＯとワーカーセンターとの間の歴史に残るパートナーシップ協定の立案者の一人であった」と評価した。この評価は、トラムカ会長の就任とともに、会長補佐にアナを昇進させたときの、昇進を紹介する公式声明の一節である。また、ＡＦＬ–ＣＩＯに全国ワーカーセンター・コーディネーターの役職をもうけることを提案したのも、エディー・アコスタ採用の選考や面接を担当したのも、アナであった。ＡＦＬ–ＣＩＯ本部スタッフのなかで、アナが実情をもっともよく知っていたのである。

二〇一一年にも、ＡＦＬ–ＣＩＯとワーカーセンターの連携は拡大した。ＡＦＬ–ＣＩＯは全国家事労働者連合および全国出稼ぎ外国人労働者連合と、それぞれパートナーシップ協定を結んだ。また、前述のように、全国タクシー労働者連合は、ＡＦＬ–ＣＩＯの五七番目の加盟団体としてＡＦＬ–ＣＩ

O執行委員会に承認された。

アメリカ労働運動の女性化

ワーカーセンターのオフィスを訪ねると、気づくことがある。①若い学生インターンが多い。②インターンにもスタッフにも、女性が非常に多い。印象でしかないけれども、インターンとスタッフにおける女性比率は七〇〜八〇%になるのではないか。この二つの特徴は、本書が紹介する他のNPOでも似た傾向がある。

これが意味するのは、若い大学生とくに女性の大学生の卒業後の就職先として、ワーカーセンターが考慮されていることである。アメリカでは、その仕事の就業経験があると、その仕事に就きやすいので、大学生はインターンとして就業経験をつむ。インターンを希望する大学生は多く、ワーカーセンターは選考する立場にあるのが普通である。そして、実際に、彼女たちはスタッフとして就職している。

さらに、③ワーカーセンターの創設者や理事長にも、女性が非常に多い。やはり、女性比率は七〇〜八〇%程度になるのではないか。そして、④彼女らの多くは有名大学の卒業生であって、修士号や弁護士資格をもち、かなりの高学歴である。また⑤彼女らの幾人かは、在学中または卒業後に、社会サービスを提供するNPOで働いた経験があるが、それに満足せず、権利擁護組織としてのワーカーセンターを結成し参加する。

これらを総合すると、現在のアメリカでは、若手の社会オーガナイザーを養成する社会的コースと呼ぶべきものがあり、そのコースで養成されているのは女性の社会オーガナイザーであること、彼女らのなかのもっとも優れた層がワーカーセンターを創設して労働運動をリードしていること、彼女らがワーカーセンターに代表される新しい労働運動をになっていること、これらがいえるかもしれない。こういってよいならば、この現象は「アメリカ労働運動の女性化」である。

つけ加えると、彼女らは、たとえば同一組織に勤務した経験があったり、同一大学の同窓生であったりという、個人的なネットワーク関係のなかにいる。もちろん、ワーカーセンターや他のＮＰＯのそれぞれの間にも、組織的な影響関係がある。これらは、この章で紹介したわずかな例だけであっても、垣間見ることができる。女性化したアメリカの新しい労働運動は、このようなネットワーク関係のなかで発展している。

アメリカの人々は、権利をまもられない労働者の増加を憂慮し、創意と工夫を重ねて、ワーカーセンターに代表される新しい労働運動をつくりだしてきた。創意と工夫とは、機能しなくなった既存の雇用社会システムにとらわれることなく、どのようにしたら労働者の権利をまもることができるかという一点を目標に、有利と不利があるアメリカの社会環境に上手に対処し、新しいものをつくりだすという、創意と工夫である。そして、創意と工夫の先頭に、既存の雇用社会システムから「排除」されていた女性がいることは、当然とすらいってよい。

ワーカーセンターの発展の物語は、日本社会を立て直すため、同じような創意と工夫が求められている日本の私たちに、アイデアと希望と挑戦するスピリットを与えてくれる。

〈遠藤公嗣〉

第2章
雇われずに働く
——助け合う組織づくりとワーク・ルール立法運動

〈筒井美紀〉

FLU．アドヴォカシーに励む会員のボランティアたち

CHCAの受付．右側は現会長のマイケル・エルザス

1　生活保障のために団結を――フリーランサーズ・ユニオン

既存の雇用社会システムの機能不全

労働者が仕事と暮らしを取りもどすための創意と工夫――その組織モデルは、前章で紹介したワーカーセンターに限られるわけではない。ほかにもさまざまなモデルがある。

日本と同様にアメリカでも、企業年金や健康保険などの制度によって生活がまもられる人々の数はどんどん減ってきた。業務請負や派遣といった働かせ方を、企業が(役所も)増やしてきた結果である。こうした労働者の立場はよわい。会社の年金プランや健康保険に入りたくても、「あなたには我が社の事務を請け負ってもらってはいるが雇われてはいない」とか「派遣社員の雇用主は派遣会社であって我が社ではない」のように拒否される。また、賃金や報酬のピンハネや支払いの遅滞もしょっちゅうある。抗議をしようものなら「もう二度と業務発注しない」「来月から別の派遣さんに来てもらってもいいんだよ」と恫喝される。だが、業務請負契約を結んで働いている場合は労働法が適用されないし、雇われている場合でも細切れだと抗議コストがいっそう高くなる。稼いでいくには泣き寝入りするしかない。

ところが伝統的な労働組合は、こうした労働者を、うまく組織化できずにいた。細切れ雇用だったり雇用主が頻繁に変わっていたりすると、団体交渉の相手が定まらない。業務請負の場合、そもそも労働組合がこれらの労働者を代表して労働協約を結べない。

フリーランサーズ・ユニオン（FLU）の結成

こうした非典型的な労働者たちは、自分が安心して病気になれないどころか、子どもを歯医者にやって虫歯を治すこともできない。日本のように国民皆保険制度のないアメリカでは、低所得層や障がい者、高齢者を除けば、会社が保険を支給しない場合、個人で民間保険に入らざるを得ない。だが、掛け金が高すぎて払えない。だからアメリカは、無保険者の割合が非常に高い。

そこで登場したのが、「フリーランサーズ・ユニオン」というNPOだ。一九九五年の設立当時は「ワーキング・トゥデイ」という名称だった。設立者はサラ・ホロウィッツ。彼女は、コーネル大学の労使関係学部で学士号、ニューヨーク州立大学ロースクールで最優等、ハーバード大学ケネディ・スクールで政治学の修士号を取得し、ニューヨークで労働組合（ホームヘルパーや介護助手たちを中心とする組合）の弁護士をしていた。

個人で入ればバカ高い健康保険でも、団体加入なら割引されて安くなる。ならば、会員を募って団体をつくればいい――というのが、ホロウィッツの発想であった。これは何も、彼女独自のアイデアではない。一九五〇年代に結成された、全米退職者協会（AARP）をモデルとしたのだ。AARPは退職者への健康保険の提供や高齢者問題に関するロビー活動（法案成立に向けた実質的な政治活動）をおこなっているNPOで、きわめて大きな政治力をもっている。彼女はこの組織を深く研究した。その結果、フリーランサーズ・ユニオンは、団体割引保険の提供だけではなく、ワーク・ルール立法運動をも精力的に展開している。労働法の網の目からこぼれ落ちた労働者をまもるために、ニューヨーク州議会に狙いを定めた「支払保護法(Freelancers Payment Protection Act)」の制定に向けて奔走している。

設立当初は数百人だった会員は、私たちが本部オフィスを訪問した二〇一一年八月現在、発祥地のニューヨーク州で八万人、全米で一五万人へと達している。ここまで爆発的に会員が増えたのはなぜだろう。どんな人が会員になれるのだろう。そもそも「フリーランサー」とは誰を指すのか。保険の掛け金はいくらぐらいなのか。「支払保護法」制定運動はどこまで成果を上げているのだろうか——知りたいことがたくさん出てくるNPOである。

私たちは、事前準備では調べきれなかったことをぶつけに行った。残念ながら、急用ができたホロウィッツ氏には会えず、「古株」の総務部長であるモニカ・アレクサンドリス＝ミラー氏に話をうかがった。彼女はコネティカット州立大学大学院で行政学修士を取得後、お金を貯めてロースクールに行こうと、法律補助員として派遣で働きはじめた。派遣会社の健康保険は高すぎて加入を断念。だが次第に「事故にあって怪我とかしたらどうなるの?」と不安になる。だから、フリーランサーズ・ユニオンの使命にすごく頷ける。二〇〇三年に面接に来たとき、「ここだ」と直感した——そんなキャリア・ヒストリーではじまった彼女の話は、ギリシア系二世のニューヨーカーらしくすさまじく早口だ。ついていくのが大変だったが、情報満載であった。

日本でも、フリーランサーズ・ユニオンと同様の使命をもった団体や、類似の活動をしているＮＰＯは少なくない。フリーランサーズ・ユニオンの組織化戦略、社会的・政治的パワーの拡大には、参考になる点がたくさんあると思う。

　フリーランサーズ・ユニオンには、役員会のもとに実行組織がある。役員会は、ホロウィッツ氏を含めて計七人。労働組合系の弁護士や労働法専攻の大学教授、ベンチャー設立アドバイザー、投資専門家、ＩＴ専門家、出版デザイナーなど、高学歴で多様な経歴の持ち主たちである。実行組織のスタッフは現在五〇～六〇人と、設立当時の五～六倍にまで広がった。

2－1　地下鉄内に貼ってあるFLUのポスター

　なお正確にいうと、フリーランサーズ・ユニオンは、ロビー活動を含め実質的活動として法案成立に影響を与えることに専念する団体、つまり内国歳入法典における５０１（ｃ）（４）のＮＰＯとして二〇〇三年に設立された。ワーキング・トゥデイ自体は、５０１（ｃ）（３）——私たちが通常、ＮＰＯとして思い浮かべるもの——として、調査とアドヴォカシー（政策制度要求）を続けている。

　本部オフィスはブルックリン自治区のイースト・リバー河岸に立つ古いビルの七階だ。その外観とは裏腹に、オフィスの内装はスタイリッシュで、温かみと心地よさがある。デザイン・広報部門スタッフのおかげだ。もちろん彼らの本業は、フリーランサーズ・ユニオンを人々に印象づける意匠をこらすことだ。「いかに見せるか」はとても大切なのである。「MORE PEOPLE, MORE PULL（もっと多くの人で、もっと多くの勝利を）」や「GET PAID, NOT PLAYED（ちゃんと払ってもらおう、弄ばれるな）」といった、洒落たスローガンを入れたTシャツやバッグ、地下鉄のポスターは、視覚的に強烈にアピールする（写真2－1）。

会員になる／保険を買う

さて、誰がフリーランサーズ・ユニオンの会員になれるのか。同ホームページのFAQ（よくある質問）には、それは「独立労働者（independent workers）」だとある。その上で「フリーランサー、コンサルタント、独立請負業者、派遣労働者、パート労働者、臨時雇用者、自営業者」など具体的に列挙されている。つまり、生活がまもられていない不安定就労者である。「「独立労働者」では、何のことか誰もわからないけど、「フリーランサー」なら、みんなピンとくる。だからフリーランサーズ・ユニオンという看板を掲げているんです」とモニカさんは言う。

入会費と会費はともに無料である。基本的な個人情報をオンラインで登録すればよい。それが済めば、会員証も各人がプリントアウトできる。フリーランサーズ・ユニオンの各種サービスは徹底的にIT重視だ。事務所に立ち寄ってもらっての相談などは、とっくの昔に廃止した。数百人の会員規模であった初期なら、数人の顧客サービス・スタッフで対応できたが、いまは無理だ。だからFAQを充実させている。「それに、対面的なつき合いは、会員同士でこそ、もっと深めてもらいたい。私たちは、それに重点をおいているんです」。

約八万人いるニューヨーク州の会員のうち、何らかの保険に入って掛け金を払っている人は二万三〇〇〇人。三割弱だ。団体割引があるとはいっても、それ相当の価格だし、また適格審査もある。では実際、いくらの掛け金でどれくらいの補償が受けられるのか――オンラインのシミュレーションで確認できる。たとえば私が、扶養児童を一人抱えたシングルマザーで、ニューヨーク市ブルックリン自治区のジェイストリート二〇番地に住んでいるとしよう(＝本社オフィスの住所)。「私が探しているのは……」で「健康保険」をクリックする。ZIPコード(この場合は11201)を入力しエンターキーを叩くと、商品一覧が出てくる。

健康保険商品は、PRO‐1／PRO‐2／PRO‐3／HD5000／HD10000の五種類があり、掛け金はPRO‐1がもっとも高く、HD10000がもっとも低い。私一人を補償対象とするなら、PRO‐1は月五五六ドル、HD10000は二二〇ドルである。扶養する子どもも含めると、それぞれ月一〇〇一ドル、三九六ドルにも達する。こうした掛け金の差は、補償範囲・内容の差となる。たとえば救急医療室に運ばれて処置を受けた場合、PRO‐1だと保険会社と被保険者で二五〇ドルずつの折半であるのに対し、HD10000だと、一定条件下で保険会社は免責され被保険者の自己負担となる。アメリカの民間保険が、団体割引がなされても、いかに高額かが垣間見える。

適格審査は、次のようになっている。応募基準は、「次の八業種のいずれかで、「最低週二〇時間労働が直近八週間続いていること」あるいは「直近六カ月で最低一万ドルの収入を得たこと」」とホームページにある。この証拠書類を応募時に提出しなければならない。そして適格審査に通ったら、団体保険購入となり、登録料五〇ドル、年間手数料七五ドルを払う必要がある。

「八業種」とは、「芸術、デザイン、芸能関係」「メディアと広告関係」「金融サービス」「NPO労働者」「技術関係」「在宅保育提供者」「熟練コンピューターユーザー」「伝統的／オルタナティブ医療提供者」の八つである。最初の二つが一番古い。いかにも「フリーランサー」がひしめいていそうな業界だが、一体どうやって営業や勧誘をおこなったのだろう。一定規模の団体をつくらなければ、より良い条件の保険商品を提供するよう、保険会社と交渉することは難しい。

実はフリーランサーズ・ユニオンは、ゼロから組織化をおこなったのではない。「グラフィック・アーティスト組合」と「全米著述業者組合」という既存の職能別労働組合(craft union)と手を組んだのである。この連携は双方にとってメリットが大きい。フリーランサーズ・ユニオンは、戸別訪問や小規模集会の開催など、大量の時間とマンパワーを要する組織化活動ではなく、第一義の目標、すなわちワーク・ルール立法活動に集中できる。連携団体は、団体保険を組織加入の「売り」にできるだけでなく、諸々の保険業務はノータッチで済む。

「芸術、デザイン、芸能関係」「メディアと広告関係」が、最初の二業種ないし職種であったことは、ニューヨークという土地柄を反映している。だが、こうした専門職やホワイトカラーばかりを対象とするなら、生活を脅かされている中産階級をまもっているだけになってしまい、不安定な独立労働者の生活をまもるというフリーランサーズ・ユニオンの使命を果たすことにはならない。

だから、団体保険加入の対象業種・職種を拡大する努力を続けてきたのだ。この点で、「在宅保育提供者」——おもに低所得層の児童に対して、自宅を使って保育を提供する請負(女性)労働者——が含まれていることは注目に値する。なぜなら彼女たちも低所得層だからである。フリーランサーズ・ユニオンは、在宅保育提供者たちを束ねる努力を重ねてきた労働組合やNPOとも連携してきた。それは簡単なことではない。なにしろ、そうした社会運動・労働運動の動向全体に敏感でなくてはならないし、それぞれ固有の利害関心や使命をもった組織を理解し話し合っていく力量が不可欠だからだ。

新相互扶助主義

ここまでの説明からは、「フリーランサーズ・ユニオンはその会員にとっては、お買い得の保険が買える保険会社というだけではないか」という疑問が浮かんでくるかもしれない。実はフリーランサーズ・ユニオンも、こうしたネガティブな事態を避け、相互に助け合う関係の構築に腐心している。「新相互扶助主義(new mutualism)」をめざしているのだ、とモニカさんは言う。ホームページによればそれは「「私」ではなく「私たち」という意識に基づく相互依存の文化」であり、「社会問題の団体的解決(collective solutions)をつくり上げる市場志向のモデル」である。難しいのは、解決すべき社会問題が何なのか、「私たち」の間で合意を形成し行動することであり、その前提として、「私たち」とお互いに思える相手を、表面上の違いに囚われずに広げていくことだ。だから「新」相互扶助主義なのである。「髪を青く染めた二〇代のグラフィックデザイナーと四〇代の心理カウンセラーが、お互いの共通点を簡単に見出せるだろうか?って考えてみてください」。答えはノーだろう。では、どうすればいいのか。「私たちも模索中で……答えはまだ出ていません」。

その模索の中には、月例会や陳情活動へのボランティア参加などがある。これらは、会員同士が集まって話し合ったり活動したりする機会だ。月例会では、さまざまな職業、生活状況や文化をもつ人々が交流し合える。情報交換や悩みの相談など、日常的な職業・生活レベルでの助け合いにもつながる。だがこれだけでは「社会問題の団体的解決」として充分ではない。

ならば、行政機関や政治家への陳情ボランティアはどうだろう。アドヴォカシーには、高度に専門化したリサーチ、法的・行政的な知識の駆使が不可欠で、これらはホロウィッツ氏とその中枢スタッフ・関係者がおこなっている。そのため、会員との間にはある種のギャップが生じる。一般に、アドヴォカシー活動への参加人数はなかなか増えないのが悩みの種だが、単に「動員」されるだけの存在では、相互扶助の感覚が生まれてこないという問題もある。確かに大規模な集会やデモには、「これだけ大勢の労働者が、現行法に反対している」ことを示すインパクトがある。しかし反面、参加者の多くは、「大勢の中の一人にすぎない」「自分の代わりはいくらでもいる」という消極的な気持ちを抱きがちにもなる。これは、規模が大きくなるほど深刻化する、あらゆる政治的・社会的活動組織にとっての、古くて新しい問題である。

アドヴォカシー活動を相互扶助的におこなうことは、とても難しい。たとえば「A社が、来週から〇〇の仕事ができる人を探している」という日常的な職業・生活レベルの情報提供なら、自分がメンバーを助けたという実感をもちやすい。これに対してアドヴォカシー活動への参加は、いまも述べたように、そんなふうにはいかない。フリーランサーズ・ユニオンが面白いと思うのは、敷居を低くする仕掛けづくりによって、これを解決しようと智恵を絞っていることだ。この点も含めて、支払保護法の制定運動について説明しよう。

「支払保護法」制定運動

ニューヨーク州は比較的厳しい労働法をもつ州で、フルタイムの雇用労働者の賃金支払い問題に関しては、検察庁は民事・刑事事件として立件でき、企業所有者には損害賠償金の支払い責任がある。ところが、独立労働者にはこれが適用されない。彼らの多くは業務請負契約を結んで働いているため商法上の取引となり、労働法による保護が及ばないからだ。仮に雇われて働いている場合でも、細切れ雇用で立場がよわいので、法的手段に訴えることは稀である。

だから支払保護法(Freelancers Payment Protection Act)が必要だ、というのがフリーランサーズ・ユニオンの主張である。そのポイントは、①発注者・依頼主と独立労働者が合意した仕事期間の終了月の翌月までに、発注者・依頼主は対価の支払いをしなければならない、②発注者・依頼主は契約内容を書面にし、それを最低六年間は保管しなければならない、の二点である。労働者の権利擁護・保護の観点からすればしごく正当だが、反対意見も噴出するに違いない内容だといえよう。

支払保護法の制定は、具体的には州労働法の改正だ。二〇一一年三月にシルバー下院議員が改正法案を提出（共同提出者二〇人）する前に、フリーランサーズ・ユニオンは大規模調査を実施した。これは二〇〇九年一〇～一一月におこなわれたオンライン調査で、全国三〇〇〇人超、うちニューヨーク州在住者約一五〇〇人が回答した。その分析によれば、二〇〇九年に入ってからの支払い遅延の経験者は八一％、未払いが二八％、契約金額以下での支払いが三三％、書面契約は滅多にない・一度もない者が三三％、法的手段の行使は六％……といった結果が出ている。こんな事態は許されるべきではない――フリーランサーズ・ユニオンは、そう主張しただけではない。この事態が、どれだけ所得税収の損失を招いているかも見積もった。「州政府は二五〇万ドルもの所得に課税し損ねている」。このデータを無視することは、政治家にとって決して安全ではない。

二〇一一年六月二〇日、支払保護法は賛成八四、反対五八で下院を通過、同日、上院に送られた。歴史的大勝利だ。だが上院では、修正→労働委員会再付託の繰り返しを超えては動かず、夏休みになってしまった。すかさず上院対策がすすめられる。同年九月二〇日付のホロウィッツ氏のブログによれば、カギとなる八人の共和党上院議員の賛同を得ようと努力中で、実はそのうちロイ・マクドナルド上院議員は、同法共同提出者として署名している。彼は六月、党の圧力に反して同性婚を認める法案に賛成票を投じ、その際「共和党対民主党の政治にはもう飽き飽きだ。自分は正しいことをしたい」と発言した。ブルーカラー層の出身で学校は公立、コミュニティ・カレッジ（地域公立短大）を経て修士号取得という経歴にも、フリーランサーズ・ユニオンは目をつけたのだろう。続いて一〇月には、マーク・グリサンティ上院議員の賛同を得た。

さらに一一月下旬には労働委員会委員長であるジョゼフ・ローバック氏の了解も得る。アメリカでは、議会の各委員会の委員長は大きな権力をもっており、彼は一二月二日、支払保護法は画期的な法律であると表明した（陳情をおこなった役員の一人は「ローバック上院議員、ありがとうございます！」とフェイスブックに書き込みをしている）。二〇一二年一月四日、修正第三改正法案は労働委員会に再付託された。六月一七日、さらに修正が加えられて下院を再通過した。これを受けて、「与党院内総務のディーン・スケロス議長に上院での法案可決を迫るべくメールを送ろう！」運動が展開中である。だが、議長の反応は鈍い。

以上のように、ホロウィッツ氏とその中枢スタッフ・関係者が、強力なパワーを発揮してロビー活動している。では、これを相互扶助の観点から見ればどうなのか。ここが面白いところで、会員たちはさまざまな工夫をこらし、新たな手段を生み出した。その好例が「依頼主スコアカード」だ。各会員の取引の相手方である発注者・依頼主にいくら搾取されたか、オンライン上で入力・集計し、ブラックリストとして掲載するのである。これは、会員相互にとって重要な仕事情報になると同時に、アドヴォカシーにも使える。「こんなに多くのアコギな経営者を野放しにしてよいのか？」というプレッシャーをかける道具となるのだ。また会員は、地元新聞社への投書も奨励されている。マスコミに敏感な地区選出議員を動かすことにつながるからである。

繰り返せば、アドヴォカシー活動への参加は、相互扶助の実感をもちにくい。その解決方法は、各会員個人が「気楽に」起こせる、しかも個別的な（個人個人で違いのある）行動を編み出すことにある。「依頼主スコアカード」の作業形式は誰も同じだが、「私と依頼主」の関係は個別的であると同時に、依頼主名と搾取金額の入力程度だから時間的コストも小さい。地元新聞社の編集者宛の手紙も、その内容は「私」にしか書けないと同時に、ほんの短い文章でもいいいし、好きなだけ長く書いてもいい。好きで長く書くならそれはコストに感じない。動員された頭数の一つに解消されない個別性のある行動が、仲間にもプラスになることが見えるしくみが、相互扶助の実感を維持するカギなのである。

以上の説明より、フリーランサーズ・ユニオンがなぜ急激に拡大したか、なぜ強力なワーク・ルール立法運動を展開できているのかの概要をつかめたのではないかと思う。保険や年金という生活ニーズに根ざしたサービス、既存の組織化済みの団体との連携、ＩＴを駆使した戦略やアピール、政治活動の敷居を低くする仕掛けづくり、新相互扶助主義の文化を育てようとする熱意……。こうした創意工夫には、参考にする点が多々あるだろう。

最後に加えておきたい――フリーランサーズ・ユニオンの社会労働運動が持続し成功を収めているのは、中産階級を巻き込んでいることが大きい。中産階級は低所得層よりも、選挙投票をはじめ政治参加の度合が高いので、行政や政治家は彼らの意識や要求に、より敏感なのだ。

2　ホームヘルパーたちが所有する会社――ＣＨＣＡ

そんなことが可能なのだろうか

　ビジネスや観光でニューヨーク市を訪れたとしても、まず足を踏み入れない地域は、ブロンクス自治区だろう（ヤンキースタジアムを除く）。マンハッタン島の北方、ハーレム川を渡るとそこはサウス・ブロンクスであり、これから紹介するＣＨＣＡの本部オフィスがある。地下鉄一四九丁目駅からすぐの、低層ビルの上階をいくつかしめている。ビルが面しているのはにぎやかな商業通りで、衣料品や家具の安売り店、ファースト・フード店やエスニック料理店が並ぶ（写真２－２）。通りにはゴミが散乱し、訪問日に近隣で白人を見かけたのは、チェーン・ストアに入っている処方箋薬局のブースにいる薬剤師だけだった。

　ＣＨＣＡとはCooperative Home Care Associatesの略、ホームヘルパーたちの協同組合である。自分たちで一〇〇〇ドルずつ出資している。つまり、雇われて働いているのではなく、自分たちで会社を所有しつつ働いている。雇用労働者（employee）ではなく所有─労働者（worker-owner）なのである。だから、事業利益の一部は、配当金として自分たちの間で分配する。また、事業をどう展開していくか、組織をどう運営していくか、新規採用や教育訓練をどうおこなっていくか、みんなで話し合う。

2－2　サウス・ブロンクスの商業通りの様子

2－3　CHCA設立者のリック・サーピン（右）と筒井（左）

運営委員会のメンバーは選挙で選び、重要な経営事項は投票にかける。

CHCAのホームヘルパーたちは、設立当時（一九八五年）も現在も、黒人やヒスパニック系の低所得層の女性である。二〇〇六年の国勢調査によれば、ブロンクス自治区を除くニューヨーク市の中位世帯所得は四万六五〇〇ドル、ブロンクス自治区は三万一四九四ドル、これに対してサウス・ブロンクスは二万一〇〇〇ドルである。もちろん、彼女たちの全員がサウス・ブロンクスに住んでいるわけではない。けれども、一〇〇〇ドルという出資金額は、彼女たちにとっては途方もない大金である。

だが現に、ホームヘルパーたちがワーカー・オーナーとして事業を営むこのしくみは、ちゃんと回っている。一九八五年に、わずか五人のホームヘルパーで開始したCHCAは、二〇一一年現在、一五〇〇人のヘルパーと一〇〇人の事務スタッフを抱える大所帯となった。二五年の間に事業は拡大の一途をたどり、「商売繁盛」の状態なのである。

それにしても、このしくみを思いつき、かつ、ここまで育て上げてきた人は偉大だと思う。「貧しい人たちが一〇〇〇ドルも出せるわけがない」「「福祉のお世話」になりっぱなしだったような人たちが、事業運営のことなんてわかるわけがない」「医療・介護分野は、やっぱり政府の規制が厳しいから、自由なビジネスができない」といった否定的反応が容易に想像されるからである。「そんなことはない。それは偏見だ」と言えるだけの、他者への深い敬意と民主主義的な理想、鋭い分析力と説得力の持ち主でなければ、それは不可能であろう。

ＣＨＣＡの設立者リック・サーピン氏(写真2－3)は、まさしくそうした人物である。私たちは二〇一一年一月、まずはマンハッタンの真ん中にあるサーピン氏のオフィスを訪れ(彼はＩＣＳという関連ＮＰＯを新たに立ち上げ、その会長となった。後述)、次にサウス・ブロンクスのＣＨＣＡに行き、マイケル・エルザス氏とキャロル・ロダート氏に話をうかがった。

生い立ちは語る

サーピン氏が、ホームヘルパーの協同組合を立ち上げ大きく育ててきたのには、彼の生い立ちが色濃く反映している。「僕は今年で六〇歳になるんだ」というから、サーピン氏は一九五一年か五二年の生まれだ。ロシア系ユダヤ人の三世。恐らく彼のお祖父さんは、帝政ロシアの激しい迫害を逃れるべく、大西洋を横断したのであろう。

「僕の父は小さな食品製造会社を経営していたので、ギリギリ中産階級の生活を享受できたんだ。僕はユダヤ系だけど、会社のトラック運転手はみんなイタリア系かアイルランド系。だから、多文化環境の中で大きくなったんだ」

「父の会社を手伝って、荷積みや配送をやっていた。配送先の一つに、重度身体障がい者の療養施設があって、僕は、二四時間看護の必要なほぼ寝たきりの女性と親しく話すようになったんだ。で、あるとき、政府が医療・介護予算の大幅削減を決定して……「自分の命はどうなるのか」と怯えを語った彼女の眼が忘れられない」

ああ、だから、貧しいアフリカ系・ヒスパニック系のホームヘルパー協同組合なのか、と読者は思うかもしれない。だがサーピン氏は、すぐにこの事業をはじめたわけではない。彼は学校を出たあと、「ニューヨーク・コミュニティ・サービス協会」の職員になる。地域社会の再建や発展のプロジェクトに、資金や人材を提供したり、行政と地域住民との間に立って調整をしたり、といったことにかかわるNPOだ。彼はまず一九八〇年代前半、低所得地域のレストラン・配食の協同組合事業に携わった。けれどもこのコミュニティ・ビジネスは、数年でつぶれてしまう。巨大資本のスーパーマーケットやファースト・フード店が提供する低価格商品には勝てなかったのだ。貧しい人々は、やはり「とにかく安い物を」と求めてしまう。彼らが働く場所もそうした店であり、その最低賃金労働が格安商品を支えている。サーピン氏は、このような「下向きの螺旋」を断ち切りたかったのだが、数年で頓挫したのである。

この経験を教訓に、彼は持続可能な産業分野は何かを研究した。その結論が「介護分野」だ。人口の高齢化はますますすすむだろう、政府の病院予算削減や民営化によって在宅介護・地域介護もいっそうすすむだろう――サーピン氏は、そこにビジネス・チャンスを見出したのである。

念のためにいえば、彼は金儲けをしたくて商機を計算してきたわけでは決してない。あくまでも、貧しい人々が互いに助け合う協同組合方式の事業が、出発点でありゴールなのである。金儲けをしたいだけなら、同じホームヘルパー派遣事業であっても、ヘルパーたちを可能な限り低賃金で雇用するビジネス・モデルを選んだはずである。

収益を上げるしくみ／賃金や配当金を得るしくみ

さてそれでは、CHCAは、どのようにして収益を上げ、ホームヘルパーは賃金や配当金を得ているのか。この説明にはまず、医療・介護産業の構造を概観しておく必要がある。前節で述べたようにアメリカは、民間保険が幅を利かせている社会だが、医療・介護に関しては、メディケア（高齢者の健康保険）とメディケイド（貧困層の健康保険）という、連邦の公的制度の存在も大きい。これらの公的資金が最終的には、CHCAやホームヘルパーにまで届くわけだ。その流れを、図2-1に示した概念

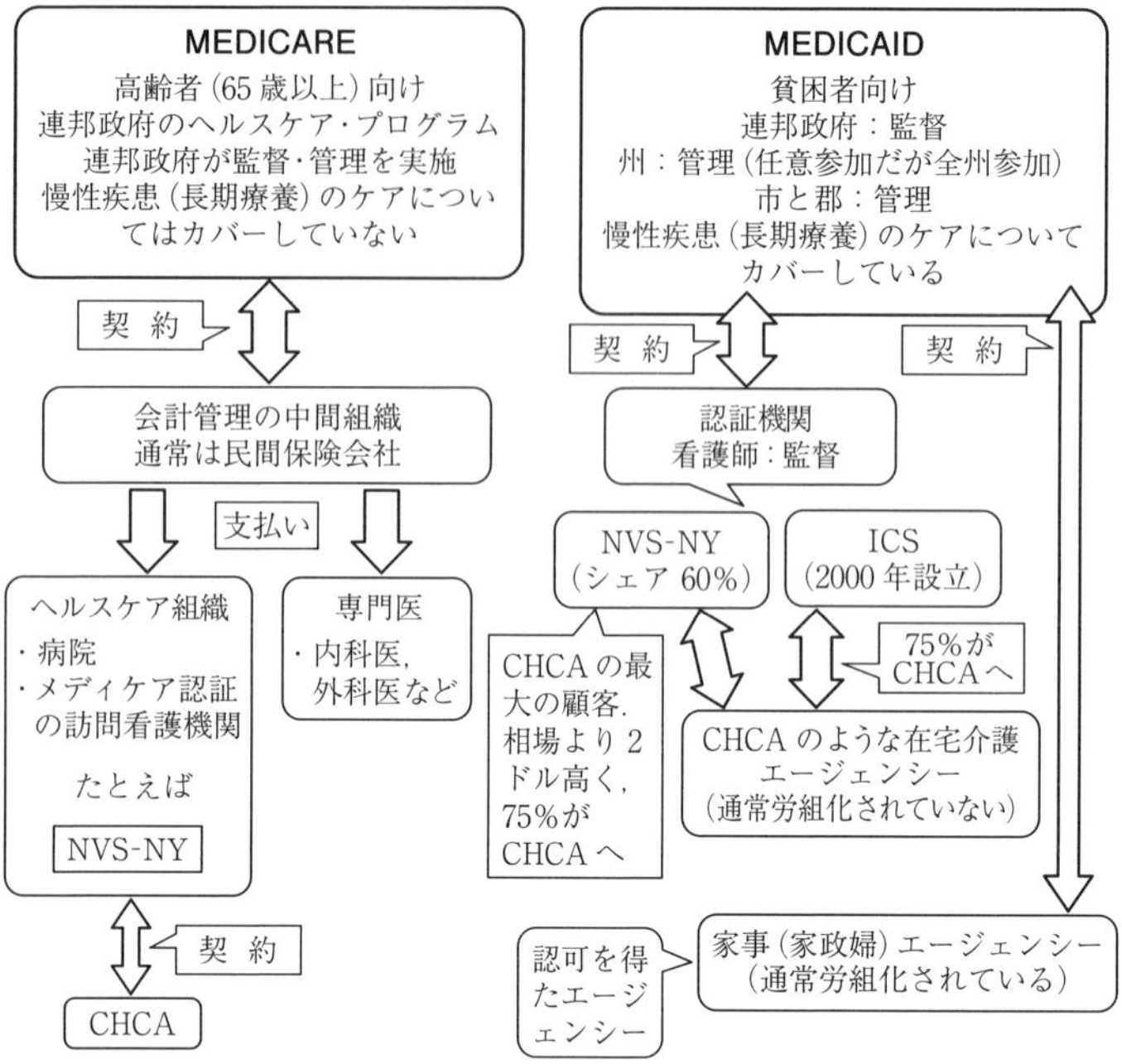

図2−1 Medicare/Medicaidと医療・介護産業のしくみ(ニューヨーク市)
(Inserra et. al. (2002：8-12)を参考に筆者作成)

図(ニューヨーク市)を見ながら説明しよう。

まずメディケアである。メディケアは、連邦政府が監督・管理をおこなう。連邦政府は、会計管理の中間組織と契約を結ぶ。この中間組織は通常、民間保険会社であり、ケア提供者に支払いをする。ケア提供者は、個人病院や総合病院、メディケアの認証を受けた訪問看護機関である。訪問看護は、ニューヨーク市であれば「ニューヨーク看護師訪問サービス(NVS-NY)」が有名だ。ホームヘルパーは、看護師の監督の下でケアを提供しなければならないことが法律で定められている。連邦政府の公的資金であるメディケア・マネーは、途中の数段階でマージンを抜かれながら、ＣＨＣＡとホームヘルパーに届く。

続いてメディケイドを見てみよう。メディケイドは連邦政府が監督をおこない、市や郡が管理業務をおこなう。管理業務への州の参加は任意とされているが、現在では全州が実施している。なおメディケイドは、メディケアとは異なり、慢性疾患や長期療養をカバーしている。たとえば、重度の糖尿病で肥満が過ぎ、日常生活の起居全般に介助が必要なケースも対象となる。

市や郡が契約を交わすのは、看護師を有する市や郡の認証を受けた機関や、市や郡の免許を取得している家事援助機関（労働組合化されていることが多い）である。前者は介護を提供するが、後者はしない。看護師を有する市や郡の認証を受けた機関としては、前出のＮＶＳ-ＮＹや、サーピン氏が二〇〇〇年に設立したＩＣＳ（Independence Care System）がある。これはメディケイド受給者たちを会員とするＮＰＯであり、看護師も有する。ＮＶＳ-ＮＹはメディケアと同様にメディケイドでも有力な機関で、ニューヨーク市にしめるそのシェアは六〇％にも達している。ホームヘルパーが、看護師の監督の下でケアを提供しなければならないことはメディケアと同様のため、ＣＨＣＡはＮＶＳ-ＮＹとＩＣＳと契約を結んでいる。

ＣＨＣＡにとってＮＶＳ-ＮＹは、ＩＣＳに次いで大きい顧客である。現在、売上高にしめるその比率は、ＮＶＳ-ＮＹが四〇％、ＩＣＳが五〇％だ（二〇〇一年は七五％と一三％だった。一〇年で大逆転したのである）。訪問ケース一件につき、ＮＶＳ-ＮＹがどれくらい払ってくれるかで、ＣＨＣＡの収益ひいてはホームヘルパーの賃金が決まってくる。NVS-NYは、CHCAのホームヘルパーが提供するケアの質が高いことを評価し、他の訪問介護機関に対するよりも二ドル高くして、時間単価で平均一五・六一ドル払っている(ICSは一五・三七ドル)。この時間単価は、二五%のマージンを抜いた金額である。CHCAは、そのヘルパーが提供するケアの質の高さを武器にNVS-NYと交渉してきた。その結果、七五%がCHCAに届いている。ICSも同率である。

ところで、なぜサーピン氏はICSを設立したのであろうか。氏によれば、「政策策定者・担当者の頭は、ケアの対象と言えば高齢者と低所得者、と固まっていて、それ以外にもニーズのある人々が存在すること、つまり「高齢者以外の身体障がい者」のことは浮かばないし考えようとしない」。すなわち、公的制度と市場の谷間に落ちたままのニーズを見出し、そうしたニーズが充たされるべき切実な人々を組織化したのがICSだ。その根底には利用者中心主義がある。どんなケアが受けたいか、その声を聞き届け、その声を中心にしてケアを構築し実践するという考え方である。前述したように、ICSは現在、CHCAの最大の顧客となっている。そのことは、「規模の経済」をもたらし、CHCAの従業員数を二倍に拡大しただけではなく、CHCAが提供するケアの質をよりいっそう高めることにも直結している。

CHCAの年間事業高は現在、四億二〇〇〇万ドル程度となっている。事業開始初年度の一九八五年は二〇万ドルであったから、大成長である。もちろん事業高は、個々のヘルパーが稼ぎ出す金額の集積だ。このお金はCHCAに届いた後、どう流れていくのか。わかりやすさのために、ここでは一ケースの時間単価を一五・五ドルとして説明しよう。

ヘルパーが受け取る賃金は時給八・五ドル程度である。ただし、健康保険などの付加給付もあり、これを時給換算すると三・五ドルに相当するので、ヘルパーはあわせて時給一二ドル稼いでいることになる。ケース時間単価一五・五ドルとの差額は三・五ドル、つまり約二〇%が会社に入る。「会社」といっても労働者が所有しているので、その収益の一部はヘルパーたち自身に配当される。配当率は収益のだいたい二〇%程度、金額にすると二〇〇～四〇〇ドルである。配当金を受け取れるのは、所有者の地位を得た労働者のみであり、CHCAの労働者にしめる所有者の割合は現在、七〇%から八〇%となっている。一九八九年は五〇%だったから、これは大きな躍進である。

所有者の地位を得る流れは、次のようになっている。CHCAの労働者は、三カ月の試用期間で良好な仕事実績をあげると、所有者になる資格を得る。最初に五〇ドルを出資する。そのあと毎週二・六五ドルずつ積み立てていくと、約五年で一〇〇〇ドルに達し、所有者になる。これによって、配当金を受け取るだけではなく、会社の主要な決定に対する投票権も得る。

この積立方式は、長期勤続のインセンティブになる。CHCAの現会長マイケル・エルザス氏が「ずっと福祉扶助を受けていて、働いた経験がほとんどない女性も少なくない」と言うように、こうした状況のヘルパーにとって、中長期の職業展望がもて、しかも、会社の意思決定に参加できるというのは、それまでの人生で想像したことも味わったこともない経験なのである。もちろん、自分たちががんばった分が、配当金として手元にもたらされることも、だ。CHCAのニュースレターやパンフレットには、そうした声が多数紹介されている。

時間をかけた選考／手厚い訓練

ここまでの説明からは、ＣＨＣＡが非常に民主的で合理的な組織・職場であることがわかるだろう。働きがいもあるに違いない。ただし留意しておくべきなのは、ＣＨＣＡの一員になって働くには、それ相応の選考がある、ということである。

最初の説明会への申し込みから、入職者レベル訓練コースへの入学許可に、ＣＨＣＡは四～六週間をかける。初回説明会に出席（申込者は全員可）→連絡のあった人だけ個人面接→細部説明会に出席→前科と薬物のチェックおよび体力テスト→連絡のあった人だけ訓練コースに入学許可、という流れによって、一〇〇人の申込者のうち三〇～四〇人が合格となる勘定だ。決して易しくはない。相応に厳しい選考である。

訓練コースの定員は二〇人で、講師は正看護師が務めなければならない。これらはニューヨーク州の法律で決まっている。だからＣＨＣＡは、そのための正看護師を二、三人雇っている。訓練コースは四～五週間で、これは州が規定する二週間を大幅に上回っている。期間だけではなく、内容面でもそうだ。だから、学ぶべきことは盛りだくさんある。そのため、厳しい選考をくぐり抜けてコースをはじめても、途中で脱落する人もいる。エルザス氏によれば、その脱落率は「スペイン語系で四％、英語系（実質的にアフリカ系）で一五％くらい」だそうだ。

授業では、対人関係訓練も重視している。ホームヘルパーはその仕事柄、介護対象者の自宅を一人で訪れ、独力で対応しなくてはならない。怒りっぽい人にはどう接するか。セクハラまがいのことをされたときの対応は。家族と介護対象者の仲が悪い場合はどうすればよいか。こうした諸問題を乗り越えて、本人と家族と親密な関係をどのようにして築くか。ケース・スタディを多用して、じっくり聴くこと、おだやかに、またときには毅然と返す練習をする。

訓練修了後の三カ月は試用期間であり、週一〇時間や一五時間といったパートタイムで働く。それは、いきなりフルタイム（週三五時間）で働くのは無理だという消極的な理由だけではなく、ＯＪＴ（オン・ザ・ジョブ・トレーニング）やラップ・セッション（形式ばらない集団討議）の時間を充分に取って、ふり返りや学びをしっかりおこない、かつ、ヘルパー同士で助け合う関係を育むという積極的な理由もあるからだ。

以上のように、時間をかけた相応に厳しい選抜と手厚い訓練、これに、中長期的な展望のあるよりよい労働条件が加われば、長期勤続率も上がっていく。ホームヘルパーの年間離職率は、業界平均の四〇～五〇％に対して、ＣＨＣＡは二〇％前後で推移してきている。立派な数字である。

ホームヘルパーの勤務様態と所得水準

前述したように、ＣＨＣＡのホームヘルパーは時給平均で八・五ドル、健康保険などの付加給付を換算して合わせると一二ドルを得ている。また、試用期間が終わればフルタイム（週三五時間）で働くことになる。正確に言えば、CHCAは、できるだけ多くのホームヘルパーが週三五時間労働を実現することを目標としている、である。では、ヘルパーたちの所得水準はどれくらいになるだろうか。

ホームヘルパーが何曜日の何時から何時、どこで働くかは、コーディネーターが調整する。訪問先での介護ニーズとホームヘルパーの経験やスキル、訪問先での勤務時間帯やその所在地とホームヘルパーの自宅の近さや生活サイクルなど、さまざまな要素を考慮しながら、コーディネーターは「人繰り」をしていく。もちろん、一つの家庭で長時間、週に何日も働く場合もある。勤務様態はホームヘルパーによってさまざまである。

CHCAのホームヘルパーたちは、全体平均で週三五時間前後、働いている。あくまでも全体平均だから、週三五時間、働きたくても働けていないホームヘルパーも少なからずいるのだ。その原因は複数ある。ケース数全体の減少(メディケアやメディケイドの予算減少や、要介護者の入院)、ケースとホームヘルパーの時間的ミスマッチ、試用期間中のホームヘルパーの増加などである。

だが、週三五時間(以上)働けたとしても、ホームヘルパーの所得レベルはきわめて低いままだ。時給九ドルで週四〇時間(月一六〇時間)働いた場合で計算してみよう。月収は一四四〇ドル、年収は一万七二八〇ドルになる。連邦政府の公式貧困ガイドラインは、二〇一一年度の場合、四人世帯なら年収二万二三五〇ドル(世帯収入合計)だ。そもそも公式貧困ガイドラインの水準自体が低すぎるので、多くの州や市や郡は、その二倍を公的扶助支給ラインとしている。このホームヘルパーがシングルマザーで扶養児童を三人抱えているならば、確実に公式貧困ラインを下回っているわけであり、仮に夫と扶養児童が二人いて、夫が彼女より多少多めの年収を得ていたとしても（そういう場合が多いだろう）、やはり上記の公的扶助支給ラインすれすれだ。サーピン氏は次のように指摘した。「だから、あなた（＝筆者）の想像どおり、ホームヘルパーは週三五時間働いている場合でも、依然として公的扶助を受給しているんだ」。

労働組合との共闘——そして労組化

こうしたワーキング・プア問題の解決のため、ＣＨＣＡの関係者はみな、長年努力してきた。その努力は、「労働者に賃金を払うまいとして、可能な限りそれを削り、自分の懐に収めようとしている」医療・介護業界（サーピン氏）だけではなく、医療・介護行政の担当部局や政治家へのアドヴォカシーも含まれる。これは難業だ。なぜなら、医療・介護業界と担当行政・政治家の複雑な利権構造が存在するからである。だから他の有力団体との連携が不可欠となる。

その有力団体とは、ホームヘルパーや介護助手など医療補助職の労働組合、ＳＥＩＵローカル１１９９だ（フリーランサーズ・ユニオンのサラ・ホロウィッツ氏がかつてここの弁護士をしていたのは偶然である）。１１９９の本部はブロードウェイの劇場街のすぐそば——の、やや寂れた地域にある。ちなみに本部内には、オバマ大統領と１１９９の設立に関与したキング牧師の写真を並べて「我々はやったぞ！（WE DID IT!）」と記した手づくりポスターが貼られていた。

さてＣＨＣＡとＳＥＩＵローカル１１９９との共闘は、一九八〇年代後半にさかのぼる。ＣＨＣＡ

の設立後、それほど経っていない時期だ。在宅介護の関係者で団体を結成し、介護労働者の賃上げ運動に成功した。この頃のＣＨＣＡは、まだまだ小さな組織だったが、「在宅介護市場と政策に対して徐々に影響力を及ぼしはじめていたから、ローカル１１９９は労組化したくてならなかった。それによって自分たちはいっそうパワフルになれるから」とサーピン氏は言う。

それにしても、労働者協同組合の労働組合化というのは、ある種奇妙である。というのも、経営に参画する立場の従業員（それが労働者協同組合である）が、経営者側と交渉する労働組合のメンバーでもあるからだ。そのためエルザス氏の前任者は、１１９９からの労働組合化の申し入れに対し、その必要はない、として断った。これに対してエルザス氏は、政治的目的という点では同じ側に立てるという判断から、二〇〇二年、ローカル１１９９による労組化を含む関係発展の道を選んだ。

「ホームヘルパーの収入を二倍。なーんと二倍！　そんなことは、我々が何年も何年も苦しんでめざしてきたけどできなかった。ならば、労組化するしかない、と。ＳＥＩＵの政治力は強大で、いとも簡単に二倍にできるのだから。私は労働組合のすべてに賛成しているわけじゃない。でも、ホームヘルパーの収入を二倍にしてくれるところなら、そりゃあフレンドリーにもなるわけですよ」（エルザス氏）

前述した、一ケースあたりの平均時間単価一五・五ドルという水準は、ＣＨＣＡが提供する高品質のケアのみならず、ＳＥＩＵが、メディケアとメディケイドの予算増加を政治的交渉の結果得たからでもあるのだ。ただ、一五・五ドルという水準に対して、ホームヘルパーの賃金が時給八・五ドル程度と低いままなのは、ローカル１１９９がカバーするホームヘルパーの健康保険のコストが最近急増しているからである。組合費は週六ドル。ホームヘルパーたちにとっては、決して小さくない負担だ。

労組化のプラス面とマイナス面

メディケア、メディケイドの予算増加をはじめ、ＣＨＣＡの収入増加ひいてはホームヘルパーの賃金上昇や付加給付の充実、より高度な教育訓練の無償提供は、ＣＨＣＡの労働組合化がもたらした大きなプラス面である。しかし、マイナス面ないし懸念される面もある。訪問時、つぎの三つが指摘された。①社内のガバナンスの相違、②あるべきケアに関するビジョンの相違、③変革範囲の相違、である（写真２－４、ロダート氏が板書をしながら熱弁）。

まず、①社内のガバナンスの相違について。ＣＨＣＡを労組化したローカル１１９９は、労働協約の正式な締結を提案してきているが、ＣＨＣＡは個別問題での合意を重ねることを通じた問題解決を望み、それを続けてきている。労働協約を結んでしまうと、会長のエルザス氏は経営コントロール力を大きく失うし、労働組合の先任権制度（在籍年数が長い労働者ほど、優越した権利が与えられるしくみ）によって、誰かが仕事を失う恐れもあるからだ。

また、サーピン氏が強調したように、労働組合の政治力をアドヴォカシーに使えるのはよいが、

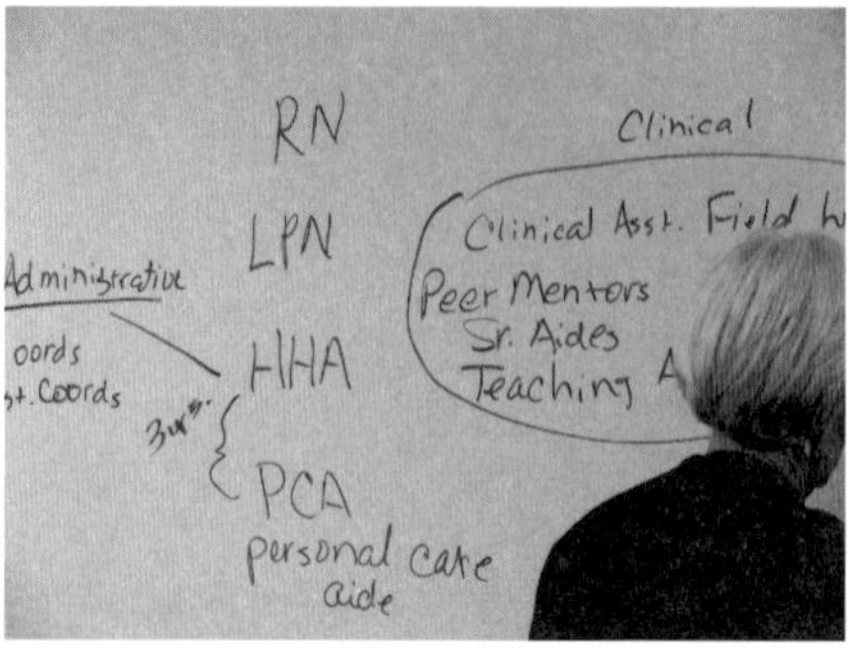

2-4 板書しながら熱弁をふるうキャロル・ロダート

「社内的なあり方に関しては別」である。ＣＨＣＡでは、ラテン系・アフリカ系アメリカ人女性たちが、その文化や行動様式を互いに尊重しながら、よく話し合って決めていく民主主義的なあり方が何より重要だ。それが、上層はアフリカ系アメリカ人の男性がしめ、かつトップダウン方式をとる１１９９のやり方によって壊されるような事態は、何としてでも避けたいのである。そこで折衷案として、ＣＨＣＡのガバナンスに１１９９がかかわる方法として、二〇〇九年に経営／労働委員会が設置された。毎年テーマを設定し（たとえば、組織コミュニケーション）、グループに分かれて議論や調査をし、最終的に役員会や経営上層に対しコメントする。おそらく１１９９は満足していないだろうが、さしあたりこの方式が続いている。

続いては、②あるべきケアに関するビジョンの相違、である。それはケアの提供において混乱を生みかねない。医療介護業界に長年かかわり、五年前からＰＨＩ（医療準専門職機構）ニューヨーク州政策ディレクターを務めるキャロル・ロダート氏は、ローカル１１９９がもつ医療介護のビジョンは時代遅れだと指摘する。

「彼らは先任権が長い人ほど仕事がこなせる、っていう発想なのよ。だから、新しく生まれてきた職業の何たるかが理解できない。人が九〇代まで生きる時代の医療・介護は、五〇年前、六〇年前とは根本的に異なっているんだから、過去にはなかった職業が生まれていて当たり前だわね。いまはチームケアが大切で、そこでホームヘルパーが果たす役割はものすごく大きい。そんなこと、昔は無かったわよ。

それから、ある先進的な訪問介護機関では、症例ごとの専門知識の基礎を身につけたホームヘルパーを育成している。終末ケアの心得のあるホームヘルパーとか。でも、先任権のような伝統的で柔軟性のない発想に囚われたら、こうした新しい仕事の仕方や職業は理解できないでしょ。私たちは先任権アプローチをとらない。私たちは常に、「この人々は何を必要としているか？　私たちは何ができるのか？　最も低いコストで？」と問い続けているのよ」

ロダート氏が「先任権アプローチ」という言葉で批判しているのは、先任権制度の問題だけではなく、生産者中心の職務設計である。それではダメで、利用者中心の職務設計でなければならないのだ。そのためロダート氏は、ローカル１１９９の人々をＣＨＣＡの介護現場に連れていくといった手間を重ねてきた。「この五年間、労働組合の人たちの考えを変えるのに一体どれほど貴重な時間を費やしたことか！　最終的には彼らは「わかりました」って言わざるを得なかったですけどね」。

最後に、③変革範囲の相違、である。エルザス氏は、１１９９は医療介護の行政と業界のシステム全体の変革をめざしてはおらず、それが自分たちとの根本的な違いだと指摘する。「私たちはメディケアやメディケイドのお金が、もっとたくさんホームヘルパーの手に渡るようにしたいと考えている。でも労組はまず、多額の資金が流れ込む研究病院に目をつけているんだ。つぎに老人ホームやNVS。ほら、看護師がいるからね。それから最後に私たち、という順番なんだ」。つまり1199がとっているのは、メディケアやメディケイドの総額を増やすことで、医療・介護職ヒエラルキーの各段階が順に「潤う」ようにするという戦略だ。それはメディケア／メディケイド制度や医療・介護職ヒエラルキーの再構築を迫るものではない。

しかし必要なのはそうした変化である。そのためには、政府の担当者に、ホームヘルパーの労働条件の酷さを知らしめ、ホームヘルパーがこなしている仕事の重要性を認識させ、もっと敬意を払わせることが不可欠だろう。「医療・介護行政の担当者たちには、ケアの提供者を労働者と見る発想が欠けているのよね。だからそこから」(ロダート氏)だという。

医療・介護業界は、政府による意思決定の余地は他の業種よりは大きい。だが実際には、CHCAが望むような変革は、非常に難しいだろう。というのも、ホームヘルパーの平均時給が八ドルから(たとえば)一〇ドルに上がれば、メディケアやメディケイドの総額が一定である限り、保険会社や病院や老人ホーム、医師や看護師らの手に渡る金額がその分減るため、それには当然のごとく反対が起こり、政府はこれらの圧力を受けるからである。「ホームヘルパーたちの時給が大幅に改善される見込みはありますか?」との質問には、エルザス氏もロダート氏も「そんなことは、これから先ずっと起こらないだろうね」となかば諦め顔で否定した。

以上、本章は、相互扶助の文化を育み強力なアドヴォカシーを展開してきた二組織の紹介をおこなった。両者から学べるのは、生活・仕事の日常レベルでの助け合いの大切さに加えて、団結することの重要性である。

では、何に向けての団結か。フリーランサーズ・ユニオンのそれは、経営者VS独立労働者という構図のなかでの支払保護法の成立である。CHCAの場合は、在宅介護の利用者によりよいケアを提供することに向けて、だといえよう。利用者を「味方につける」ほうが、「ビジネス」の繁栄(ICS設立の効果を見よ)だけではなく、より大きな政治力の獲得にもつながるだろうからである。両者にはこうした違いがあるけれども、生活保障と尊厳のある働き方の確立・回復という点は共通している。それが険しい道のりであることにも、違いはない。

第3章
スキルを身につけ仕事を探す
——地域密着型の職業訓練と斡旋

〈筒井美紀〉

WIRE-Net のジョン・コーム，クリーブランド市の地図を前に

SCMW! 会長のサラ・ハーツラーと執行責任者のレスリー・プレイム．真ん中は筒井

1　地域と中小零細企業の支援組織――ＷＩＲＥ‐Ｎｅｔ

廃れゆく地域と企業を前にして

前章で紹介したフリーランサーズ・ユニオンとＣＨＣＡは、いわば「所属場所」のない人々にそれを与え、互いに助け合う文化を育む組織モデルを採用していた。だが、既存の雇用社会システムが機能不全に陥っているからといって、ＣＨＣＡのような労働者協同組合方式ですべてを代替することは現実的ではない。依然として雇われて働く（働きたい）人々が多数いる。ところが、工場やオフィスの海外移転によって職場が消え、「袋小路の仕事」ばかりが増えてきた。ではいかにしていま一度、企業の側にキャリアラダー（上がっていけるキャリアのハシゴ）を創り出させ、そのうえで適した訓練・斡旋をおこなうか。本章で見ていくのは、その創意と工夫を重ねている組織である。

「ラスト（錆びついた）・ベルト」。アメリカ北部諸州の工業都市は、一九七二年の石油ショックによって軒並み衰退し、こんなふうに呼ばれてきた。オハイオ州クリーブランド市も、その一つだ。しかも大恐慌以来、財政破綻した最初の都市でもある。一九七八年当時の市長は民主党のデニス・クシニッチ氏。彼は、市が廃れゆく原因を工場の閉鎖や海外移転に求め、大企業の利己主義ぶりを激しく非難したが、支持を得られず退陣した。

翌年、共和党のジョージ・ボイノビッチ市長(現オハイオ州知事)が誕生する。その後、新市長を支持する大企業経営者を中心に、市の財政精査がおこなわれ、大規模な支出削減が実施された。一九八二年には企業経営者のNPO法人「クリーブランド・トモロー」が結成され、市の経済再生へむけた組織的な活動がめざされる。こうした経緯は、『市民起業家』(加藤敏春訳、日本経済評論社、一九九七年)によって知ることができる。

だが、同書がふれていないことが二つある。第一は、このような動きのなかで依然として中小零細企業があえぎ続けたこと。市の経済再生は大企業中心ですすんだからだ。第二は、同じクリーブランド市内でも、再開発がすすんだ地域とそうでない地域とで格差が広がり続けたこと。打ち捨てられたままであった市内西地区の再生に尽力することは、野党にまわった民主党にとって共和党への対抗という意味があった。オハイオ州の民主党は、つながりのつよいシンクタンク「オハイオ州産業政策センター」(現存せず)に働きかけて、一九八三年、西地区に三つのコミュニティ開発法人(CDC: Community Development Corporation)を立ち上げさせた。コーポレーションというと、営利企業の響きがあるけれどもそうではない。法人格をとったNPOである。

これら三つのCDCは、州と上記シンクタンクから資金を獲得して、中小零細企業と地域住民の雇用・訓練支援プロジェクトを展開しようと考えた。いつの時代も資金集めは、苦心惨憺の大仕事である。いまもクリーブランド市議会議員を務める民主党のジェイ・ウェストブルックがこれに奔走し、一九八六年に設立されたのが、本章の前半で取り上げるWIRE-Netだ。西地区(Westside)における産業（Industrial）の維持（Retention）と拡張（Extension）に関するネットワーク、そこでＷＩＲＥ‐Ｎｅｔという名称なのである。

私たちは二〇一一年八月、市内西地区にある平屋の本部オフィスを訪れた。かつては電子部品工場の事務所であった。敷地内の工場はあらかた東欧に移転し、現在では二〜三の工場が稼働しているだけだという。インタビューに応じてくださったのは、一九八八年のＮＰＯ法人化以来、会長兼ＣＥＯの地位にあるジョン・コーム氏である（本章扉の写真）。彼は、前述のシンクタンクに勤めていたころ、一九八六年のＷＩＲＥ‐Ｎｅｔ設立時に、部長として声がかかった。

コーム氏のキャリアが興味深い。ニューヨーク州立大学で環境設計計画を専攻。卒業後は住民運動のオーガナイザーとして出発する。シアトルで、アコギな家主（アパートの修繕をしないままで高い家賃をとる、地上げ屋と結託する、など）への抗議運動を組織化した。

そのコーム氏は、ＷＩＲＥ‐Ｎｅｔの設立当初の活動について、次のようにふり返っている。「我々が結成されたころは、クリーブランド市の三つか四つの地区でしか活動していなかった。いまは市全体の規模にまで大きくなったけどね」。章扉の写真を見てほしい。コーム氏は、エリー湖に沿って北東から南西に細長い市の、ほぼ南西のはずれを指差している。「ここが、ほれ、私たちが今いる事務所だよ」。当初はこの周辺が活動エリアだった。「三〇〇社くらいの製造業者があって、一軒一軒、出向いて話をしに行ったものさ」。

では、訪問先の反応はどうだったのか。「我々はラッキーだったね。というのも、企業を地域で存続させ発展させるという我々のアイデアに、地域コミュニティから幅広い支持を得ることができたからね」。もう少し詳しく見てみよう。彼は続けて、つぎのように説明する。

「もし労働組合が、誰にとっても、とくに若者にとってもはや意味ある存在ではなくなっているとしたら、誰が彼らを代弁するかね? ひとつそんなふうなことが、我々がやったことなんだ。(中略)当時は、より小さな規模の企業が、移転や廃業でなくなり続けていた。しかし、それに対して何も手が打たれていなかった。つまり中小零細企業は、まったく声をもっていなかった。だから我々は彼らを組織化して、その声が聞き届けられるようにしたわけさ。最初におこなったことの一つは、新規雇用者を彼らのために見つけることで、我々はそれをチャンスだと考えたんだ」「我々は当時、「地元で雇用を(Hire Locally)」というプログラムをやっていてね。今の名称は違うけれども。低賃金層をターゲットに、彼らに職業訓練を実施して、他方で、身につけたそのスキルを必要としている企業を探して結びつける、と」

ここには三つの重要な指摘がある。一つ目は、労働組合と若者の関係だ。雇用が激減するなかで、労組は既存組合員の雇用保護と解雇者への援助で精一杯で、若者は手を差し伸べる対象にはならない。その状況下で、若者が就労できるとすれば、労働組合から見れば、従業員数が少なすぎて労組化の魅力的な対象にはならない中小零細企業であったと考えて間違いない。

続いて二つ目のポイント。中小零細企業は、政治／行政からしても、取るに足らないプレイヤーであった。大企業のようには経済開発や都市再生に大きなインパクトをもたらさないからだ。だがコーム氏は言う。「組織化されていない中小零細企業は何百とあって、それはすごい経済的資産なんだ。彼らは組織化されていなかった。だから無視されていた。でも、互いに結びつけられれば、大きな価値が生じる」。そんな彼らの存在／声を、組織化によって大きくしたのである。住民運動で不条理を被っていた人々を組織化したのと同様に。

そうした経済的資産を生かすには、何といってもニーズに合った人材が必要だ。だが、中小零細企業に誰が来てくれるのか。採用のノウハウをもっているのか。他方で地域には、失業中だったり、低賃金であえいでいる人々がいる。だから三つ目のポイントは、中小零細企業と低賃金層のマッチングである。工場が閉鎖されたからといって、仕事のある地域に引越しできるようなお金のある人などほとんどいない。多くの人々はその地域で生きていかなくてはならない。だからＷＩＲＥ‐Ｎｅｔは、企業の人材ニーズをつかみ、かつそれにかなった職業訓練をコーディネートすることで、低賃金労働者と中小零細企業という二つの社会的弱者を結びつけるという、地味だが社会的に価値の高い事業を開始したのである。

ＷＩＲＥ‐Ｎｅｔという組織

アメリカのＮＰＯは、九五％が五年以内に潰れるそうだが、ＷＩＲＥ‐Ｎｅｔは設立して二五年が経つ。どんな組織か見ていこう。法人化された他のNPOと同様に、WIRE-Netも役員会―実働組織というピラミッド型のガバナンス構造をもつ。つまり、組織の行動方針や予算は役員会が決定し、実働組織がそれを粛々と実行する。コーム氏は役員会メンバーであると同時に、実働組織のトップ（会長兼CEO）である。

彼の下には、フルタイムのスタッフが二二人いる。組織は大きく七つの部署――財政、再開発、ファンドレイズ、フィールドサービス、ヘッドハンティング、風力発電、若者プログラム――に分かれている。フィールドサービスとは企業回りのことである。クリーブランド市を六地区に分け、担当者が出向く。「「調子はいかがですか？ 地域コミュニティについてどうお考えです？ 御社のご業績は伸びていますか？ 工作機械購入の資金はどうされます？ 新規の借入れはご入り用ではありませんか？」と、こんなふうにして外回りの担当者は、企業さんたちが何に助力が必要なのか、つかむわけです」。担当者は一人平均一〇〇社ほどを受け持っている。この一〇〇社のなかには、新規会員勧誘中の企業も含まれる。財団からの助成環境が厳しいおり、会員増による会費収入の増強は不可欠で、あと二〇〇社は増やしたいと考えている。

現在の会員企業は三〇〇社ほどだ。WIRE-NetがNPO法人化した一九八八年はわずか五社であったから、二十数年で飛躍的に伸びたことがわかる。製造業が大多数をしめ、建設業や工事・修理業、製造部品の卸売・小売業、サービス業などが続く。従業員規模で見ると、その平均は四〇人ほどで、圧倒的に中小零細企業だ。「我々のサービスは、二五人から一五〇人といった規模の企業にとって一番ぴったりだと思いますね」とコーム氏は述べる。

予算はどうなっているか。ここ一〇年ほどの年次報告書を見てみると、だいたい二五〇万〜三〇〇万ドルで推移している。収入の細目は年によってかなり変動があるが、財団と政府からの助成金に多くを頼る構成となっている。コーム氏は、政府や財団からの助成金は一年物がほとんど、三年物が取れたらラッキーという状況で、財政基盤は常に不安定で継続的なプログラムの実施が難しいと指摘する。

支出の構成比を確認すると、二〇〇八年開始の風力発電のサプライ・チェーン強化プロジェクト(GLWN: Great Lakes Wind Network)以前は、成人(低所得層)と若者の職業訓練が中心だった。二〇〇八年以降は、GLWNが最大となり、これに会員企業の製造支援、若年労働力開発が続いている。なぜこのような変化が生じたのだろうか。

政府の政策方針によって左右されるNPOの事業内容

その理由は、WIRE-Netの設立経緯と密接に関連している。前述した「地元で雇用を」で確認したように、WIRE-Netは、一方で、低賃金で働く近隣住民に技術訓練を供給し、他方で、熟練労働者の不足に悩む中小零細企業にマッチした労働者を紹介するプロジェクトを開始していた。その資金源は財団と連邦政府からの助成金であった。

「最初、我々は、全国規模の財団から、何年か続けて助成金をもらっていたんだよ。ピュー慈善信託から四年間。それからモット財団、これも四年。両者とも、雇用、訓練、高校生プログラムに注力していたんだ。それから、連邦労働省からももらうことができた。四年くらいかな、だからすごく重要な資金。我々は、ピューとモットと連邦をつなぎあわせてきたけれど、都合一〇年ほどで閉じるしかなくなったんだ。

我々自身は、訓練を提供しているわけではなくて、企業を集めて組織するというやり方をしているんだ。企業さんたちは、どんな訓練を欲しているのか、どんな労働者が必要か、我々に説明する。で、我々はコミュニティ・カレッジなどに働きかける。

でも、我々自身は訓練を提供してはいないので、財団や政府の助成金は得にくくなったんだ。こうしたお金は、訓練供給機関、つまり実際に自前で訓練をやっているところに行くようになった。(中略)我々は媒介機関、間を取り持つ機関だからさ」

この経緯には、クリントン政権時の一九九八年に制定された連邦の労働力投資法(WIA: Workforce Investment Act)の影響が見られる。この法律によって、各州に公的職業訓練マネーが按分されるのだが、訓練を直接提供する機関でないと、その恩恵にあずかれない。

また政府は、大学とくにコミュニティ・カレッジを、職業教育訓練の中心的プロバイダーとする政策をとった。コミュニティ・カレッジは、地域住民の学ぶ権利を保障し、そのニーズに応えることが社会的使命なので、基本的には、希望者は誰でも入学でき、授業料も安い。また他方で、準学士の学位を取る(=短大卒)コース以外に、資格や履修証明書(certificate)取得の短期講座も多数用意されている。企業が資金を提供する講座もある。このような理念とプログラムは素晴らしいが、コミュニティ・カレッジは以前から大きな問題を抱えている。自治体の財政難や企業の引き揚げでプログラムが打ち切られたり、経済的余裕を失った中産階級の子弟がコミュニティ・カレッジに押し寄せて大幅な定員超過が生じたりしている。また、誰でも入学できることから、基礎学力の有無がチェックされず、授業が成り立たないという問題も深刻化している。

話を元に戻すと、連邦政府はコミュニティ・カレッジを、職業教育訓練の中心としたが、コーム氏は、これに疑義を呈する。「市や郡は、経営者が何を必要としているのか、それを本当につかむような効果的アプローチをしていないし、だからちゃんと理解していない」からである。経営者と密接な関係を保ち、そのニーズをよく理解しているWIRE-Netのような機関ではなく、それが弱いコミュニティ・カレッジのような教育機関に、より多くの労働力開発マネーを注入するのでよいのか。ただ、そうは思っても、政治/行政への働きかけはなかなか功を奏さない。

「はぁ〜っ……企業の利害を代弁するために、我々はもっと効果的な政策制度要求をしなくてはならないんだが。私は郡議会に出かけていって、「みなさんは票を失いつつあるんですよ」「それじゃあ票は集まりませんって」とか「これは是非とも聴いていただかなくてはなりません」とか言うべきだね。それは我々の仕事の一部だとは思うけれど、一番難しいことだね、そうやって助成金を獲得できるようにするというのは」

このように、職業教育訓練に対する行政の認識はなかなか変わろうとしない。ため息がもれる。だが、組織の事業はまわしていかなくてはならない。WIRE-Netが選択したのは、成人労働力開発から、資金の得やすい若年労働力開発と、(会員)企業の成長(売上拡大)を促進する経済開発に重心を移すことであった。

近隣技術高校との連携

若年労働力開発の中心は、マックス・ヘイズ高校プロジェクトである。この高校は、クリーブランド市西地区にある技術高校で、WIRE-Netは、座学と実習が密接に結びついたカリキュラムの開発に注力している。

「この国の教育はひどいからねぇ、やることがたくさんあるよ。(中略)我々が活用しているモデルは、マックス・ヘイズの生徒たちが、能力ベースの履修証明書をもって卒業できるようにする、というものなんだ。その中身は、高校ではなく各業界が決める。業界は「これができないと」っていう基準をもっている。つまり、学校で何時間勉強したかではなくて、何ができるのか、ということ」

ここで注意したいのは、コーム氏のこの説明を、〈学校＝知識詰め込み／企業＝実力重視〉のような、単純でしかも誤った二分法で捉えてはダメだ、ということである。企業や業界が職業能力評価基準をもっていたとしても、ではどうすればその能力が習得されるのか、教育訓練方法までわかっているとは限らない。「これができないと」と表明できたからといって、必ずしもその教え方が上手なことにはならない。しかも、何らかの能力は、多数の細かい能力が合わさって形づくられている。たとえば設計図を見ながら金属プレスをおこなうなら、設計図が読め、室温と金属の剛柔によって削りしろの調整が必要なことなどをわかっていなければならない。さらにまた、設計図がきちんと読めるかどうかは、語学の基礎レベルに問題があるのか、専門用語が苦手なのか、あるいは基礎数学が危ういのかなど、原因はさまざまである。

さらに教育は個別性が高い。この教え方が絶対だということがない。たとえば「マイナス5プラス3はいくらになるか？」を教えるとき、アンジーはノートに数直線を描けば理解できるかもしれないが、ブラッドは地面に描かれた数直線上を、左に五歩それから右に三歩と動いてみるとバッチリかもしれない。こういう個別性は、身近で教えている熱心な先生が一番よく知っている。

企業・業界側の人々が、教えることのこうした複雑さや個別性を理解しているか。それを踏まえたうえで上手に教えられるか。そういう人はいてもごく少数だから、ＷＩＲＥ-Ｎｅｔのような媒介組織が、企業と高校の間に立つことが重要となる。お互いを理解させ、共通基盤を見出させ、目標を共有させること、すぐに結果が出なくても続けさせることに、尽力するのである。
ところでクリントン政権以降、「知識社会には高度人材養成が不可欠だから、高等教育進学をもっと促進すべきだ」という主張が力をもっている。日本でも同様だ。クリントン政権は「College For All（すべての人に短大・大学教育を）」というスローガンを掲げた。ところが、この政策潮流に対してWIRE-Netがとったのは、技術高校との連携であった。その理由はどのようなものか。

「我々全員が集まる年次集会に、スタンダード・プロダクツ社という、「フォーチュン５００」に載っている、自動車のプラスチック部品をつくっている企業、そこのCEOに講演をしてもらったことがあってね。彼は、企業と学校のパートナーシップの、それは熱心な推進者なんだ。企業は一つの学校と組んで、何年も一緒にやっていくべきだ、と。で、彼は我々に、地元の高校とパートナーを組め、って熱心に勧めた。そうしたらウチの役員会が「ジョン、やれ！」と。当時（一九九九年）、ウチの近隣にあって、まだパートナーのいない高校、という条件に合ったのがマックス・ヘイズ高校だったわけ」

コーム氏のいう企業とはもちろん、地域の（会員）中小零細企業を指している。「互いに結びつけられれば、大きな価値が生じる」はずの「こうした企業を、我々が連携している技術高校のプログラムに関与させたんだ。それによって、びっくりするくらいの専門性、知識、関係——ほら、例のソーシャル・キャピタル（社会関係資本）ってやつだよ――になる」。

単なる形式だけではない、実質のともなった高校との連携には、住民でもある生徒の父母、さらには生徒自身の関与も大切である。産業・職業構造の変化を踏まえて、マックス・ヘイズ高校では現在、「ニュー・マックス・ヘイズ・スクール・デザイン・プロジェクト」と呼ばれる新コースの設置を準備中だ。アメリカの教育行政は地域分権を特徴とし、学校区（school district）に相対的に大きな権限が付与されている。学校区で開催したミーティングには七〇〇人の近隣住民が参加した。「我々は、「古い皮袋に新しいワイン」になるようなことだけは避けませんとね、とか言って、あれこれ議論してね」。高校・近隣住民・企業との深い連携に、二十数人の実行組織で調整役を務めるのは、並大抵のことではないだろう。

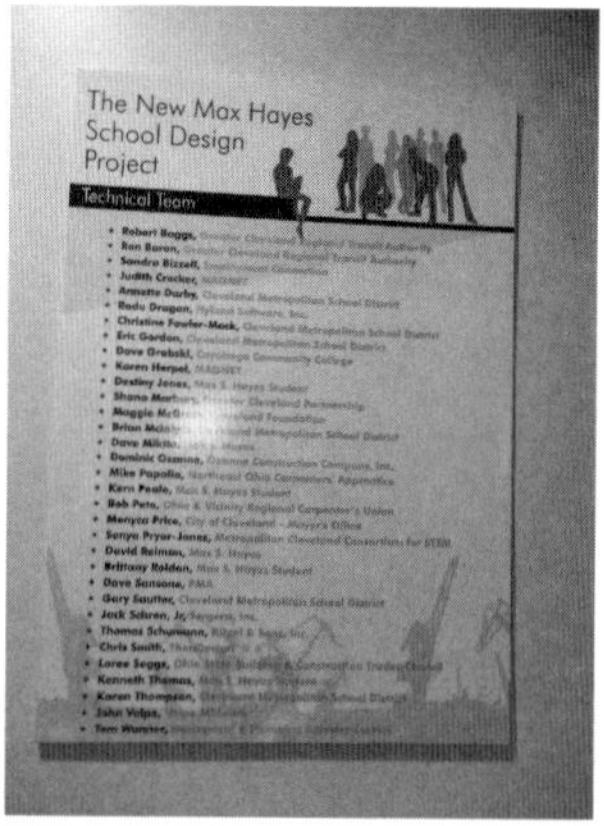

3－1　新コース設置にむけたテクニカル・チーム．生徒代表らも加わる．

なお非常に興味深いのは、生徒の参加である。どういう授業だとやる気が出ないのか、何をもっと学びたいのか、どのような時間割だと無理がないのか――生徒の声に耳を傾けるために、このプロジェクトにはテクニカル・チームが設置されていて、何人もの生徒代表が加わっている（写真3－1）。彼らの名前から判断するに、性別やエスニシティ・人種はさまざまだ。

〈筒井美紀〉

ところでマックス・ヘイズ高校の「出口」はどうなっているか。ＷＩＲＥ-Ｎｅｔの会員企業に就職する者も少なくなく、さらにそのあと、コミュニティ・カレッジに進学する者もいるそうだ。このあたり、コーム氏の語りぶりはあまり積極的ではなかった。関係者が深く連携したからといって、「学校から仕事への移行」がスムーズにいくとは限らないのだろう。国内製造業がいつまでもつのかという懸念から、保護者も生徒もブルーカラー職を避ける傾向がさらにつよまっているうえに（ホワイトカラー職に就けば安泰だ、というのは幻想なのだが）、企業の技能養成学校とは異なって、公教育内では生徒に対して、たとえ良好な就職であれをそれを強制はできない。

風力発電サプライ・チェーンの形成（ＧＬＷＮ）

続いて、ＷＩＲＥ-Ｎｅｔが重心を移したいまひとつの事業、（会員）企業の成長（売上拡大）を促進する経済開発支援について確認しよう。オバマ政権発足時、バイオ燃料、エコ・カーやエコ・ビル／住宅、風力発電などの「グリーン・エコノミー」の産業政策が全面的に打ち出されたことは記憶に新しい。ふんだんに用意された連邦予算は、各地で大きな刺激になった。

オハイオ州では、クリーブランド財団の理事長兼ＣＥＯであるロン・リチャードが助成金を出した、グリーン・エネルギー・オハイオというＮＰＯが、二〇〇五年九月から湖畔の風力測定を開始した。二〇〇八年一月に結果を公表し、経済再生には風力発電が欠かせないと主張した。それまではロン・リチャードの言うことなど相手にしなかったクリーブランド市やオハイオ州は、支援に乗り出し、オバマ政権の連邦予算を出所とする助成金や補助金を投入しはじめた。

風力発電装置の据え付けは、きわめて多数の精密部品の製造とその組み上げを不可欠とする。関係者が愕然としたのは、そうした精密部品がアメリカ国内で質量ともに充分に製造されておらず、輸入に頼らざるを得なかったことである。そこでWIRE-Netは、北米の風力発電分野で主導的な役割を果たすサプライ・チェーンを確固たるものにしようと、組織化を呼びかけた。こうして二〇〇八年に開始されたGLWNは、以上のような産業開発政策のもと、アメリカ・エネルギー協会とカナダ・エネルギー協会からの支援協約をとりつけている。

同時にWIRE-Netは、労働組合と環境保護団体の全国的連合組織であるブルー・グリーン連合(BGA: Blue Green Alliance)とも連携している。アメリカでは、「環境保護運動は製造業に敵対し、我々ブルーカラーの職を奪うものだ」という見方が伝統的に存在してきたため、「グリーン・エコノミー」といっても、理解を得にくい風潮もある。そこで(とくに製造業の)労働組合と環境保護団体が、そうした誤解を正していこうと連合した。そのBGAが風力発電サプライ・チェーンの連携に加わったことは、まさしく「追い風」なのである。

こうしてGLWNは、インディアナ州、イリノイ州、モンタナ州、ウェスト・バージニア州の製造業者に対しても、サプライ・チェーンのワークショップや分析・診断、支援サポートを提供している。二〇一〇年一二月までにGLWNは、二五四社を――そのうち一〇九社がオハイオ州に所在する――発電装置企業か一次下請業者のサプライヤーとして結びつけた。

企業の個人主義的労働市場観は変わるか

以上、マックス・ヘイズ高校と会員企業との連携、風力発電サプライ・チェーンの拡充について見てきた。では、こうした取り組みは、中小零細企業の雇用実践をどれだけ変えるのだろうか。そのあり方は、労働者の仕事と暮らしを大きく左右するから、このように問うのは重要である。

「企業内部にキャリアラダーを構築するという変化を企業にもたらすには、膝詰めで、きめ細かにやっていく必要がある。でも、いまは失業率が高いから、企業はなかなか、そんな方向にはいかないね。人なんか簡単に見つかると思っているから。「どうしてあんたのことを気にかけなくちゃいけない？ ウチが気に入らないなら、どうぞヨソに行ってくれ。ほかの人を見つけるから」。こんな態度さ。そのくせ我々には、「ウチが必要としている能力をもっていて、ウチの言い値で喜んで働いてくれる人が見つからなくって本当に大変だ」って言うんだよ」

ここには経営者の典型的な、個人主義的労働市場観が示されている。つまり労働市場とは個と個（求人者と求職者）が労働力の売買をおこなう場であり、労働力に付随する他の要素――職業教育訓練の実施やキャリアラダーの構築など――は関係がない、という見方だ。労働市場は所与であり、個と個（求人者と求職者）はそこでプレイするだけ。したがって、ゲームのルールやゲームを取り巻く社会的・制度的環境自体を変えるのは、誰か別の人の仕事である、と考えられている。不況で「買い手市場」であるために、この考え方がいっそうつよめられてしまっている。

だが、コーム氏が言わんとしているのは、職業教育訓練やキャリアラダーを考慮に入れ、労働市場を変えていくのは経営者側の仕事でもあって、誰か別の人がもっぱらにおこなう仕事ではない、ということである。もちろん、それは一企業――内部労働市場の規模や広がりが限定されがちな中小零細企業――の努力ではなく、共同的に実施しようというものだ。この「ビジネス・モデル」を徹底させたい。だが、そう願うＷＩＲＥ‐Ｎｅｔが抱えるパラドクスがある。

広さと深さ／政治と経済のパラドクス

既に述べたようにＷＩＲＥ‐Ｎｅｔは、一九八六年の設立時、数地区だったその活動範囲を二五年のあいだに市、州、全国へと拡大してきた。だがそこには、組織の規模、政治的影響力、財政・事業力、活動範囲とその深さ、の矛盾を含んだ関係がある。

コーム氏の発言にあったように、中小零細企業の雇用実践に真の変化をもたらすには、「膝詰めできめ細かに」対応する必要がある。一社一社に深く関与するなら、社数の限定かスタッフの拡充が必要になる。社数を限定すれば、広範なインパクトは期待できない。すると、行政や財団にはマイナーな存在に映り、多額の助成金獲得のチャンスは減る。そうすると、スタッフの拡充は困難になる。かといって、全米規模をめざすと、一社一社への、真の変化をもたらすような関与は浅くなりがちだし、地域社会に密着した事業展開は希薄になる。

さらにコーム氏は次のように述べる。「我々はＧＬＷＮなどによって全国規模にはなっているけど、やはり中小零細企業の集まりであることに変わりはなく、政治的影響力の無さで苦しい思いをしている。たとえば、クリーブランド市は、五つの経済開発組織を「リアル・プレイヤーズ」に選定したけど、我々は蚊帳の外だ。だから常に「我々のことも忘れないでくれよ！」と言い続けなくてはならないんだ」。

言い続けること、それは政治的活動にほかならない。ＷＩＲＥ‐Ｎｅｔは、中小零細企業に勤務する、あるいはそこへの就職が現実的な住民たちの利害を代弁する組織なのだから、一定程度大きな政治力を有する労働組合との連携もアリなのではないか。だがコーム氏は、「労働組合は政治的に熱すぎるので、我々ビジネスはそれに巻き込まれたくないんだ」と言う。つまり、（労働）政治に巻き込まれることを忌避するため、経営に集中して経済的存在感を高めるという戦略である。しかしそのためには、政治的・政策的後押しが必要なのである。

以上のような、事業推進の広さと深さのパラドクスは、政治と経済のパラドクスと絡み合い、一筋縄ではいかない問題となっている。

2 職業の相談・斡旋・訓練をワンストップで――ミシガン・ワークス！

ワンストップ・センターがあれば便利

「仕事がなくて困っているから仕事を見つけたい」「どんな仕事に就けばいいのか、就ける可能性があるのかわからないから、そこから相談にのってほしい」「自分に欠けている職業能力をどこで身につければいいのだろう」。これらのサービスを原則無料で受けたいとき、日本でならどこに行けばよいか。仕事探しならハローワークである。だがハローワークは、就きたい職のイメージや希望条件などがある程度はっきりしていない、つまりカウンセリング段階からのサービスが必要な求職者のニーズへの対応はいまひとつだ。職業訓練の情報についても、その職員は詳しくない。その理由は、ハローワークが厚生労働省の職業安定局の機関であるのに対し、職業訓練は同省職業能力開発局の所管業務であることが関係している。

しかし求職者からすれば、一連のサービスを一カ所で受けたい。Aという職業に就くハードルは昔より上がっていて、PだけでなくQというスキルがないと不利だ、ということが判明したとき、「Qの訓練についての詳細は、公共職業訓練校のZに行ってください」と、電車とバスで一時間、のようなことになったら疲労が募るしやる気も削がれる。

また求人企業にしても――ハローワークに求人を出すのは中小零細企業が圧倒的に多い――その企業が求める人材に来てほしい。ところがハローワークは公的な職業斡旋機関なので、訪れた求職者を選別して、その企業に紹介してはならない。結果、多くの求職者が応募し、企業の採用コストを増やしてしまう。しかるに、当該企業のニーズに合った職業訓練を公的機関が実施しているとわかっていれば、ここでの訓練を条件につけて求人票を出すことが可能である。求職者と求人企業にとって、職業の相談・斡旋・訓練が一カ所で済めばどれだけ楽になるか。こうした合理化が近年、先進的な自治体で模索されている。ワンストップ・センターである。

アメリカは、日本より一足先にこれに踏み出した。アメリカでも一九三〇年代からずっと、職業斡旋系と職業訓練系の法律と担当役所は別々だったが、一九九八年の労働力投資法（前出、七九頁）はこれらを実質上統一し、ワンストップ・センターの設置を州政府の責任とした。それでは、連邦政府、州政府、ワンストップ・センターは、行財政的にどのような関係にあるのだろうか。ワンストップ・センターはどのように運営され、どのような事業を実施しているのか。本節では、ミシガン州を取り上げて見ていこう。

ミシガン・ワークス！

ミシガン・ワークス！（Michigan Works!）はミシガン州政府系の機構である。州全体で二五カ所、ワンストップ・センターは一〇〇カ所ある。私たちが訪問したのは南部中央ミシガン・ワークス！

（SCMW!: South Central Michigan Works!）の本部オフィスだ（本章扉の写真）。本部はジャクソン市にあり（ジャクソン、ヒルズデール、レナウィーの三郡を管轄）、直線距離でデトロイトの西一三〇キロほどに位置する。現代的なビルも立つダウンタウンはほんの二～三ブロックで、金型製造の平屋工場や倉庫、とっくの昔に操業停止となったような工場が、だだっ広い緑のなかに点在している。

ミシガン・ワークス！が州政府「系」だというのは、州政府自体ではなく、その代理機関（agency）が運営しているという意味である。このエージェンシーは、個々の職業紹介・職業訓練サービスを、民間やＮＰＯに委託する。ＳＣＭＷ！では二〇一一年度現在、ＡＦＬ–ＣＩＯ系の職業訓練ＮＰＯであるＭ–ＨＲＤＩと、ジャクソン・コミュニティ・カレッジが、二大受託機関となっている。

州内に計二五あるミシガン・ワークス！は、それぞれ役員会（Workforce Investment Board）をトップに、その下に実行組織を置いている。ＳＣＭＷ！の実行組織は、会長を頂点に執行統括者（ＣＯＯ）以下、一三人のフルタイム・スタッフがいる。ＳＣＭＷ！が有する三つのワンストップ・センターを含めると、パートタイム込みで計一〇〇人ほどの陣容になる。

三〇人いる役員会（経営者サイドが過半数でなければならない）は、旧・職業訓練パートナーシップ法によって一九八二年から設置されていた。ちなみにミシガン州は、一九九八年の労働力投資法制定に合わせて、「ミシガン・ワークス！」を統一ブランドにすると決定したそうだ。広報担当のサラ・ハーツラー氏（二〇一二年七月より同会長）は、「この方が、州内のどこに行っても同じサービスが受けられることがはっきりわかる。わからない人が少なくないのよ」と説明する。

彼女は、この「どこでも同じサービス」をもっとすすめる必要があると考えて、管轄三郡内の求職者カードやキャリアカウンセリング申込書などさまざまな様式を統一した。「それなら、別のワンストップに行っても、一度書いたものを使いまわせるでしょ」。保険会社をクビになり、仕事探しに来ていたのが縁でSCMW!に採用されたという彼女自身の経験が生きている。

話を役員会に戻すと、経営者サイドの業種は、保険や製造、ヘルスケアや小売・飲食（たとえばマクドナルド）などさまざまだ。経営者サイド以外のメンバーには労政担当者や学校区の教育長、コミュニティ組織の代表者と、これまたさまざまである。

「こんなに多様な立場の方たちが参加して、役員会で合意形成はできますか？」と素朴な質問をぶつけてみた。「そりゃあ、いろいろ違いはあるけれど、私たちスタッフは一致団結を重視してきたから。会長のクインが、一番骨を折ってきたのもそこなのよ」と執行統括者のレスリー・プレイム氏。スタッフが方向性や実施内容をしっかり固めて、役員会に承認させる。一致団結とはスタッフ主導ということだ。「そうそう。一致団結はね、「私は新しく、これこれのプログラムを実施しました」って、名前が売れることばかり考えている政治家に、変に介入されないためにも重要なんだ。政治家には、自由に意見を言ってもらうけど、僕らは一致団結して、彼らにSCMW!をかきまわさせはしない」とは、高校の校長を早期退職した総務部長のキース・ブラウン氏。同席した他の面々も、ニヤッとした顔を見合わせてうなずく。

SCMW!の年間予算、事業公募と受託機関

続いて、SCMW!の予算と事業内容・実施方法を見てみよう。まず年間予算。二〇〇九年度の年次報告によれば、一九〇〇万ドルとなっている。もっとも大きいのが労働力投資法の六六〇万ドルで(三五%)、これにアメリカ復興再投資法の四一〇万ドル(二二%)、貿易調整法(TAA)の二七〇万ドル(一四%)、貧困家庭一時扶助の一五〇万ドル(八%)と続く。これら上位四つで八割弱に達しており、年間予算のほとんどが連邦および州政府を出所としている。こうした資金は、州の人口構成などを勘案して配分される。ただし労働力投資法は、二年連続で達成目標を下回れば予算減額、上回ればボーナスが出る。この部分は「アメとムチ」だ。なお予算の残りは、各種財団からの助成金である。

支出については、前述した二大受託機関と結びつけるとわかりやすい。M-HRDIは、労働力投資法による訓練と貧困家庭一時扶助による訓練を受託しており、ジャクソン・コミュニティ・カレッジは、ミシガン・タレント・バンク(求人・求職サイト)の運営と、求職者のジョブサーチ支援(写真3-2)を受託している。これらのほかにも、ビジネス・ソルーション・サービス(採用、雇用管理、売上げ・生産性の向上など)や、刑務所出所者支援や復員兵支援といったサービスも、他の小さな受託機関によって提供されている。

以上のような事業の受託機関は、公募によって決定される。事業期間は、七月一日を年度開始日として三年間だ。二〇〇九~二〇一一プログラム年度だと、公示が二〇〇九年三月一日、申込書の提出

締め切りが四月二〇日である。この期間に説明会や相談会が開催される。審査は、役員会および公選官僚とのコンソーシアムによっておこなわれる。

二〇〇九～二〇一一プログラム年度の場合、公募は三種類の申請枠でなされた。もっとも金額が大きいのは「キャリア・マネジメント」の四〇〇万ドルで、これに「教育訓練」三〇〇万ドルが続く。最少金額は「ビジネス・ソリューション」の二〇万ドルである。なお補足すると、一つの申請枠は複数機関の受託を妨げるものではなく、また通常そうなっている。

事業期間は三年間だが、一年ごとに審査と監査がある。成果は満足のいく水準であるか、公明正大な資金管理・資金使途であるかがチェックされる。著しく成果が上がっていなかったり、不正使用があったりすれば契約解除になる。

3-2　求職者たち(本部オフィス).
右端に立つのがジョブサーチ支援者.

日本でもそうであるように、こうした公募への申請は大仕事である。要綱を読んで理解するだけでも時間がかかる。私たちは現地インタビューで、二〇〇九プログラム年度の公募要綱をいただいた。説明部分だけで、A4判で三五ページある。そのうち二〇ページは、文字が九ポイント・サイズで行間がみっしり詰まっている。英語を母語とする者でも、細心の注意が不可欠だ。

申請組織は、さまざまな書類の提出が要求される。事業での達成目標（在籍人数、斡旋者数、斡旋者の賃金）とその費用の記入（申請組織のスタッフ構成も含む）、事業計画の全体像の記述、審査担当者における利害関係者の有無（いたら名前を記入）……。これらに加えて、事業の実行可能性にかかわる質問群にも答えなければならない。たとえば「教育・訓練」枠で、一般成人向けの事業を申請するなら、「在籍者は一二〇〇人以上、となっています。どのようにして、求職者をつかまえ、やる気を喚起し、教育・訓練に参加させますか？」をはじめとした五つの質問に対して、具体的で説得力のある説明が必要だ。

ここで一つの疑問が浮かぶ。各団体は、できるだけ訓練負担の少ない求職者を引っ張り、社会的困難の大きい求職者を敬遠するのではないか――これに対して労働力投資法は、差別禁止規定を設けている。年齢や性別、人種やエスニシティ、地位や障がいの有無による差別を禁止し（一八八条）、自治体や訓練機関に、訓練者に対する普遍的な（偏りのない）アウトリーチを義務づけている（連邦規則集）。

表３－１　SCMW！が応募団体に課した「属性ミニマム」

属　性	成　人	解雇労働者	若　年
女性	49.7	49.7	45.7
黒人	5.5	4.9	5.3
ヒスパニック	4.2	3.6	8.9
アメリカン・インディアン	0.4	0.4	0.3
アジア人	0.5	0.5	2.0
55～64歳層	7.0	5.0	
障がい者	11.0	5.0	10.0

資料出所：*REQUEST FOR PROPOSAL PROGRAM YEAR 2009*（SCMW！提供）

こうした規定のもと、ＳＣＭＷ！は労働力投資法プログラム参加者の性別や年齢といった「属性ミニマム」を設定し、これを満たすことを応募団体に要求している。表３－１がそれだ（二〇〇九年度の公募要綱より）。たとえば若年プログラムなら、ヒスパニックは最少でも在籍者の八・九％を満たさねばならない。もちろん、こうした要求を充たしていたとしても、形式だけで実質がともなわないことも多々あるに違いない。しかしながら、差別禁止と普遍的アウトリーチが法律に明記されていることの重要性は、強調されてよい。

SCMW！の実績値

さてそれでは、SCMW！の事業の成果は、どれくらい上がっているのだろうか。表3－2に、二〇〇九年度の実績値を示す。四項目のうち最初は、貧困家庭一時扶助（TANF）によるプログラム（ミシガン州での名称はJET）の実績だ。TANFは、一九九六年の個人責任・雇用機会調停法を根拠とするもので、貧困家庭への現金給付の受給期間を生涯で五年に制限し、受給開始後二年以内での職業教育・訓練への参加を義務づけた。福祉政策に職業訓練と就労の要素を入れたので、ウェルフェア・トゥ・ワーク政策ないしワークフェア政策と呼ばれてきた。

表中のJETの合計欄を見ると、職を得たのは在籍者の二三・三％にすぎないことがわかる。JET対象者の九五・四％（三四四四人）は、世帯を同じくする扶養対象の未成年あり、となっている。これに対して世帯を同じくする扶養対象の未成年なしの者はわずか六七人で、在籍者の就職率は四七・八％（三二人／六七人）と、同未成年ありの二一・一％（七六二人／三四四四人）よりもずっと高い。「未成年あり」の多くはシングル・マザーだと思われる。

二つ目は労働力投資法による訓練・斡旋プログラムである。合計欄を見ると、在籍者にしめる修了

表3-2　SCMW！の2009年度実績（2009/07/01～2010/06/30）

貧困家庭一時扶助：JET（Jobs Education and Training）				
	在籍者	就職者	「90日以内」ゴール達成者	平均時給
世帯を同じくする扶養対象の未成年あり	3,444	762	354	$8.36
世帯を同じくする扶養対象の未成年なし	67	32	16	$8.46
TANF受給期限越えの者	66	41	n/a	$9.38
食糧扶助受給者（扶養家族なし）	34	5	n/a	$9.34
合　計	3,611	840	370	$8.88

労働力投資法：成人，解雇労働者，若年層，全米新規グリーン産業，現職者訓練				
	在籍者	修了者	就職者	平均時給
成人	1,244	106	106	$12.76
解雇労働者	944	120	118	$15.01
全米新規グリーン産業	142	19	1	$17.34
若年層	756	466	34	$7.83
現職者訓練	127	n/a	n/a	n/a
徒弟制訓練	14	n/a	14	n/a
合　計	3,277	711	273	$13.24

貿易調整法（TAA）に基づく訓練・斡旋				
	在籍者	修了者	就職者	平均時給
合　計	1,376	162	126	$15.11

ワンストップ・センター				
	アクセス件数	コア・サービス	寄り添い型サービス	仲介サービス
求職者	128,869	95,050	28,739	25,424
保護監察者再包摂イニシアチブ	298	270	223	149
対雇用主	633	14,360	765	391

資料出所：SCMW！2009-2010 Annual Reportより作成

者の比率は二二・七％であるのに対し、同じく就職者の比率はわずか八・七％になっている。属性に注意してみると、（一般）成人と解雇労働者は、修了者比率は低いが修了者にしめる就職者の比率は（ほぼ）一〇〇％である。これに対して若年層は、修了者比率は六割を超えているが、修了者にしめる就職者比率は七・三％ときわめて低い。いずれにしても、講座やプログラムを修了することは易しいことではない。基礎学力不足によってある一定の水準に達せないことや、家庭の事情で出席が困難であることなどが、理由にあるのだろう。

続いて三つ目の貿易調整法による訓練・斡旋では、修了者比率は一一・八％、修了者にしめる就職者比率は七七・八％となっている。労働力投資法の成人訓練と似たような傾向を示している。

最後に四つ目は、ワンストップ・センターの実績値である。「保護監察者再包摂イニシアチブ」とは、保護監察下に置かれた刑務所出所者への包括的サービスである。アクセスした者の四人に三人が、「寄り添い型サービス」を受けているのが特徴的である。また、アクセス件数に対するコア・サービス件数、寄り添い型サービス件数、仲介サービス件数から、ワンストップ・センターは、求職者だけではなく雇用主へのサービスも提供していることがわかる。

以上の実績値全体を見ていえるのは、厳しい状況にある人々へのサービスを提供していることである。また、就職者の平均時給は総じて低い。JET対象者、成人、若年層――彼らは「能力・スキルが無いから低賃金の仕事にしか就けない」のだろうか。そう簡単に決めつけてはならないだろう。相対的に良質な就業機会が乏しいからかもしれないからである。

まずもっての顧客は雇用主である――SCMW!の方針転換

相対的に良質な雇用は少ないのではないか。この予想が裏付けられるかどうか、先方からいただいた資料の一つ、『ミシガン・キャリア・アウトルック二〇一二(ヒルズデール、ジャクソン、レナウィー版)』を見てみよう。これは、A4判・横向きで三段組み・両面刷りの小さなパンフレットである。掲載情報の一つに、「もっとも年間求人数の多い職業ランキング」がある。これを表3-3に示した。ここから明らかなように、求人の大半をしめるのは小売・飲食などのサービス職や清掃員や倉庫係などの現業職で、学歴・職業訓練歴は不問、時給情報も掲載されていない。

もしかしたら、相対的に良質な求人は、SCMW!という公的な職業斡旋所には寄せられていないのかもしれない。たとえそうだとしても、仕事探しに無料の、さまざまな助力を必要とする人々にとっては、遠すぎて届かない。そして事実、上記の「もしかしたら」は仮定にすぎない。SCMW!の管轄三郡には、ディーセントかつキャリアラダーが存在するような雇用が充分にあるわけではない。

だからこそSCMW!は、その創出に向けた雇用主への働きかけも、同時並行でおこなっていかなければならないのだ。そのため、雇用主向けのパンフレット『ビジネス・ソリューション』でも真っ先に書かれているのは、「熟練した求職者を就職させる唯一の手段は、熟練労働需要を創出する健全で活気のある企業を後押しすることだ、それが我々の見解です」というアピールなのである。この、「まずもっての顧客は経営者側」という方針転換は、二〇〇四年になされたという。もちろん、求職者への支援は引き続きおこなわれてきている。

それでは、「熟練労働需要を創出する健全で活気のある企業を後押しする」とは具体的にはどのような支援なのであろうか。ビジネス・ソリューション・チームのスティーブ・モリソン氏は、「製造キャリア・アカデミー」を例に説明した。彼は、三〇年来の全米自動車労働組合(UAW)の組合員で、二カ所でその支部長を務めた経験がある。

「あれは二〇〇三年ですね、ジャクソン・コミュニティ・カレッジが徒弟訓練のクラスを全部やめてしまったんですよ。だから訓練の最中だった徒弟訓練生は、ウォシュトノーかランシングのコミュニティ・カレッジに転籍しなけりゃならなくなった。で、渦中の製造業者たちと我々で、「アカデミー」を設立して、二〇〇四年から授業を開始しました。当時は三コースだったけど、いまは六か七コースに増えました。全部で一六〇人が在

表3－3　もっとも年間求人数の多い職業ランキング

1	小売店員		187	
2	レジ係		152	
3	ウェイター，ウェイトレス		120	
4	ファースト・フード含む飲食店員		93	
5	正看護師	★★	88	$20.93
6	矯正局・刑務所係官	★	67	$20.20
7	清掃員(ビジネス，家庭)		66	
8	倉庫係，受発注担当者		59	
9	飲食店カウンター担当者		55	
10	一般事務職		55	
11	大工	★	51	$19.47
12	卸売業・製造業の販売代行者	★	51	$23.05
13	保育労働者		51	
14	チーム作業での組立工		50	
15	トラック・トレーラー運転手	★	47	$17.21

★★★：少なくとも学士号が必要
★★：少なくとも準学士号，技術訓練，職業訓練が必要
★：少なくとも中程度の OJT が必要

資料出所：Michigan Career Outlook Through 2012(Hillsdale-Jackson-Lenawee 版)

籍しています。それから近々、上級溶接コースをつくります」

徒弟訓練を受けていた学生にせよ、その訓練契約を結んでいた企業にせよ、転籍のダメージは大きい。こうした訓練は、参加企業のすぐそば、徒弟訓練生の家のすぐそばでなければうまくいかない。ジャクソンからだとウォシュトノーは東に八〇キロ、ランシングは北に六〇キロと遠い。通学・通勤の時間コストは、効率的な訓練を妨げるし、訓練生たちの継続意欲にもマイナスだ。そこでモリソン氏と製造業者らは、代替機関として近隣にアカデミーを設立することにしたのである。コースやカリキュラムはどのようにつくってきたのだろうか。

「我々がやってきていることの一つは、企業さんたちの話をよく聞いて、どんなスキル需要があるのかをきちんと理解したうえでカリキュラムをつくることです。もちろんそれだけではなくて、その先のスキル需要を見定めることにも努めないと。たとえば僕は二〇〇四年に、これからのCNC（コンピューター数値制御）では、単なる操作（オペレーション）だけじゃなくて、図面を読んでセットアップも自分でできる、そういうスキルが必要になる、と気がつきました」

あくまでも、雇用主の意見・需要に基づくことが肝心ということなのである。しかし、それだけではない。その時点で雇用主が認識していないだけの、本当は重要な「その先のスキル需要を見定める」技量も不可欠となる。したがってたとえば、雇用主が、CNCのオペレーターが必要だと言ったとしても、「図面を読んでセットアップも自分でできる方が、生産性が上がるから、そういう訓練もおこなうカリキュラムにしませんか」のように提案する。受容されれば、その相手企業の内部にキャリアラダーを創出することにつながる。

雇用主へのこのような働きかけは、スピードも肝心である。

「ミシガン州のテクニカル・カレッジは、まあ率直に言いますと、金はたくさん持ってますが、深いレベルにまで降り立った訓練はやりません。でもアカデミーなら、「カスタマイズされた、これこれの訓練が要るんだよ」と言われれば、やりますからね。一つエピソードを紹介すると、僕がある金曜日の午前中、機械加工業者の工場を見学させてもらって、そのあと青焼き（機械設計図の複写）をもらって、午後にアカデミーの設計図インストラクターに渡したら、翌週の月曜日にはちゃんとカリキュラムの中に入っていて、その企業さん用に授業をスタートする準備ができていましたから」

以上、「まずもっての顧客は雇用主である」という方針に基づく、雇用主への働きかけを具体的に見てきた。しかし、求職者の利益にもつながらなければ、単なる「御用聞き」であろう。

「仕事に就きたいっていうニーズがあれば、たとえばそれが溶接工だとすると、僕はM‐HRDIまで足を運んで、そこで労働力投資法マネーなどによる訓練サービスを受けている人々を引っ張ってきちゃう。そこにはもう直接に企業で働ける人や、溶接工プログラムに入れそうな人がいるだろうから」

M‐HRDIは事業受託機関なのだから、「足を運んで」といっても話は早い。しかも、M‐HRDIはAFL‐CIO系のNPOであり、モリソン氏はUAWの支部長経験者だから、いろいろ人脈があるに違いない。SCMW!が労働供給側と労働需要側の双方へのサービス部門をもっていることの効果は、こうした社会関係資本も加わって現れるのである。

もっとも、過大評価は禁物だろう。雇用主への働きかけの成否は、スタッフがその業種／職種に通暁しているか否かに大きく左右される。ビジネス・ソリューション・チームのスタッフは製造業関係者が中心で、しかも、わずか三人の陣容である。ならば、陣容を増強すればよいのか？——つぎに論じるように、ミシガン・ワークス！が、労働力投資法マネーをはじめとする「使い勝手の悪い」連邦予算に大きく依存せざるを得ないことが、それを困難にしている。

「何人を訓練し就職させたか」の評価軸

年間予算のところで説明したように、SCMW!はその八割を連邦政府や州政府からの補助金・助成金に依存している。こうした事業は結局、「何人を訓練し就職させたか」を「成果」として問う。けれども、どれほど職業訓練の効果が上がったとしても、ディーセントでキャリアラダーのある仕事が存在し、そこで雇用されなければ元も子もない。だから、雇用主側にそうした働きかけをおこなうことが肝心である。それが二〇〇四年の、「まずもっての顧客は雇用主である」というSCMW!の方針転換であった。だが繰り返せば、「何人を訓練し就職させたか」を問う事業の資金は、雇用主への支援には、なかなかうまく使えない。

こうした問題点は、第一節で紹介したWIRE-Netのジョン・コーム氏も指摘していた。経営者の近いところにいて、その問題点やニーズをよく理解している組織にもっと資金が流れ、雇用実践の改善に活用されるべきなのに、そうなっていない。なぜだろう。思うにそれは第一に、「企業側への資金供給はもっぱら企業を潤すものであって労働者のためにはならない」という「信念」、第二に、「教育訓練によって質の高い労働者を生み出せば、雇用状況は改善される」という「信念」が社会に広がっているからだ。それを体現している典型が労働力投資法である。

しかし他方で労働力投資法は、少なくともその意図のうえでは社会正義(social justice)を達成しようと試みている。同法の下にSCMW!は、公募申込団体に参加者の「属性ミニマム」達成を課し、これを充たすための活動方法も、審査対象とされるのだ。このような規制が無くなれば、より雇われやすい人ばかりを訓練する傾向がつよめられかねない。事実、二〇一二プログラム年度より、この「属性ミニマム」は使われなくなった(二〇一二年六月、ハーツラー氏からの私信)。労働力投資法の差別禁止規定と普遍的アウトリーチの義務規定の実効性はいかにして担保されるのか、注視が必要である。

以上、本章は、地域密着型の職業相談・斡旋・訓練について二つの事例を見てきた。ＷＩＲＥ‐Ｎｅｔとミシガン・ワークス！に共通していたのは、中小零細企業の労働力開発を助け、地域の低所得住民の職業訓練と就業を助けるという使命と機能であり、それを充分に果たすには、中小零細企業への手厚い働きかけを承認する公的スキームが不可欠だということである。それには、職業訓練と職業斡旋に関する人々の、事実に反する「信念」ないし「思い込み」から問い直すべきであろう。この点は、日本にも同様に当てはまる。

さらに私たちにとって、労働力投資法の差別禁止規定と普遍的アウトリーチの義務規定は重みをもつ。なぜなら日本の職業安定行政・能力開発行政には、社会的に不利な人々にそのサービスが届かないこと、低学歴者や女性のアクセスが少ないことを是正していく仕掛けが足りないからである。

ＷＩＲＥ‐Ｎｅｔとミシガン・ワークス！のような労働力媒介機関は、重要な存在である。そのあり方はネットワーク型であった。つまり、さまざまな団体のつよみを組み合わせ得る。だが、求職者と求人企業の単なるマッチングに終わらず、社会正義の達成に向かい続けるには何が不可欠か。これは、本章の登場者たちが常に自問し苦しんでいる課題に違いない。

第4章
支え合う社会を復活させる
──ソーシャルネットワーク化する組織

〈山崎 憲〉

クリーブランド市 WIRE−Net のオーガナイジングの模式図

WIRE−Net の事務所

1　労働運動とコミュニティ・オーガナイジング・モデル

もう一つのアメリカ――社会正義と民主主義をまもる

これまで新しい労働組織の取り組みをみてきた。

それは、労働組合員になることが困難な労働者の権利をまもる、スキルを向上させて労働条件を上昇させる、労働者の社会保障や拠り所をまもる、といったことだった。

ここでいくつかの疑問をもつかもしれない。

「広いアメリカのなかで局地的に起きている現象にすぎないのではないか」

「アメリカの社会、文化、宗教という特殊な条件で成立していることではないか」

「自己責任、弱肉強食の社会であるアメリカからすればそもそもこんなことは信じることができない」

アメリカに対するステレオタイプを否定はしない。けれど、そこに留まっている限り得られるものは少ない。増え続ける非正規雇用労働者の権利を誰がまもるのか、彼らのスキルを向上させて労働条件を向上させる方法はあるのか、健康保険や年金の将来をどうやって安定させるのか。これらの課題に日本も同じように直面している。「ワーキングプア」「一％の富める者と九九％の貧しい者」。この二つの言葉はアメリカ発だ。「働いているのに」、「職業訓練を受けているのに」賃金が上がらないために、生活が楽にならないだけでなく、病気になったときや老後にも不安が募るという歪んだアメリカ社会の状況は他人事ではない。

あらためて確認しておこう。本書の目的はアメリカで活動する新しい組織をあれこれ紹介して感嘆したり羨んだりするというものではない。なぜこのような組織が生まれているのかという背景を探り、どのように機能しているのかを分析することを通じて、そこから日本に適用可能なものを学びとることにこそある。

忘れてはいけないことがある。アメリカには社会正義(Social Justice)と民主主義をまもるという姿があったことだ。長い間、それをリードする一つの代表が労働組合だった。連邦政府もその役割を重視してきた。

新しい労働組織の躍進も、既存の労働組合の活動や労働運動と無縁ではない。だが、それだけでは新しい労働組織の躍進の理由を説明できなくなっている。

貧困と格差の進展、スキル上昇と労働条件向上機会の喪失。年金や健康保険などの社会保障制度の先行きの不透明さ。アメリカ社会をめぐる問題は一九八〇年代以降、深刻さを増している。それと歩調を合わせるように労働組合の社会的影響力は低下を続けてきたからだ。

それでは何が新しい労働組織の活動とその躍進を支えているのか。

これまで取り上げてきたワーカーセンター、労働者協同組合、職業相談・斡旋・訓練をおこなうN

POなど、一つひとつの組織はスタッフの人員も予算規模も小さい。ワーカーセンターが権利をまもり、フリーランサーズ・ユニオンやCHCA、職業相談・斡旋・訓練を行うNPOが労働者にスキルを身につける手助けをするといっても、できることは限られる。ともすれば、あんな組織もこんな組織もあるというまとまりのない判断をくだしてしまうかもしれない。それにもかかわらず、新しい労働組織は一九九〇年代から躍進を続けている。それはどうしてなのか。

そのカギは組織が織り成すネットワークにある。

生活を軸に働くことを包括する

「権利擁護」「職業訓練・職業紹介」「社会保障と相互扶助」。

新しい労働組織はこの目的を達成するため、ほとんどが活動の基盤を地域コミュニティに置いている。そこには働く人とその家族、企業、学校、教会、職業訓練・職業紹介機関といった組織と人々が集う。そこでは働くことと生活を取り巻く問題が切り離せなくなっているのだ。具体的には、人間らしい生活ができる賃金や人間としての尊厳のある取り扱いを求めることと、地元企業が求める能力を身につけること、そのために職業訓練機関を整備したり、荒廃した学校教育を立て直すこと、そして住環境を整えるといったこととなる。労働組合と新しい労働組織の違いはそこにある。

新しい労働組織の特徴はまだある。

役員、スタッフ、ボランティア、インターンシップなど多様な人々の参加だ。組織間の人材交流も盛んにおこなわれる。そこには濃密で広範なネットワークがある。学生時代の先輩後輩、大学の必修単位として課せられるインターンシップやフィールドワークへ参加する学生、労働組合関係者、大学に所属する専門家、弁護士、寄付金財団関係者。そこに集うさまざまな人々がネットワークを密にそして強固にしている。なかでも、インターンシップやフィールドワークに参加する若い学生が活力の大きな源となっている。インターンシップには社会福祉学部や神学部の学生が多い。フィールドワークはロースクールの学生の必修科目だ。

彼らのなかに若い女性が多いことも特徴だ。これは、一九世紀末にシカゴでおこなわれた労働者を貧困から救うための活動(セツルメントハウス)とも共通点がある。現在の労働組合のスタッフに男性が多いことと比べるとその違いは明らかだ。なお、日本にもセツルメント運動の影響はあった。二〇世紀初頭の東北でおきた飢饉から子どもたちを救済するため、岡山県に設立された孤児院がその一つである。

運営に関する予算は寄付金財団や政府からの助成金が大半だ。そのため、スタッフの日常業務は寄付や助成金の申請作業と報告書の作成に長時間割かれることになる。

組織間や人的な情報交換も頻繁におこなわれている。フェイスブックやリンクトインといったソーシャルネットワーキングサービスも活用される。

長期的な視野に立つ人材育成も特徴の一つである。

ここで重視してきたのはつぎの二つだ。一つは、財務や予算獲得法、法的手続きといった事務的能力の育成。もう一つは、オーガナイジング（組織化）の能力である。具体的には、組織に集う人々の悩みを受け止め、自発的な参加を促し、その中からリーダーとなる人を見出して育成する能力を身につけることだ。つまりこれは、地域コミュニティに根ざした人々が活動の主役となることを期待するものだ。

労働組合はなぜ主役から滑り落ちたのか？

その一方で労働組合は新しい労働組織の支援者に留まっている。労働組合が主導的な役割を演ずることに期待を持つ人は多い。豊富な資金力と人材をもっているため、新しい労働組織の設立や運営にとって重要な存在であることは間違いない。しかし、主導的な役割を組織として演じるかというとその可能性は大きくはないと言わなければならないだろう。その理由は労働組合が人々の生活と離れてしまったからだ。

どうしてそうなってしまったのか。その原因を探るには一九八〇年代に遡る必要がある。そしてこのことが新しい労働組織が直面している問題を知るカギとなる。

労働組合は労働者の労働条件を引き上げ、健康保険や年金といった社会保障制度の整備を推し進めてきた。さらに、能力向上の機会を提供することで労働者の賃金を上昇させてきた。そしてこれらの成果は労働組合のない企業で働く労働者にも波及した。

これが一九三〇年代のニューディール政策を契機とする社会のシステムだった。これを指してニューディール型労使関係システムという。雇う、雇われるということを軸に社会の安定を図るためのしくみ、つまりは雇用社会システムの根幹である。表面的には現在も続いているようにみえるが、その中身は同じではない。

労使関係を専門とするポール・オスターマンらとマイケル・J・ピオリらの指摘をみてみよう。オスターマンらはニューディール政策を契機とする雇用社会システムが継続する前提として次の五つをあげている。
①労働条件が国際競争の影響を受けないこと。②男性が稼ぎ頭であること。③大半の労働者が長期間にわたって安定的に大企業に雇用されること。④経営者、管理職、非管理職の階層が明確なこと。⑤企業が賃金上昇や雇用保障、健康保険や年金などの社会保障を負担すること。
そのうえでこの前提がすでに崩壊したというのだ。

その原因は、労働市場のグローバル化の進展、女性の就業率の上昇、労働時間の柔軟化、競争力向上に対応した働き方の変化、臨時雇用や請負・派遣といった非典型的な雇用の拡大などにあるという。これらにより前提は次のように崩壊していった。

労働条件はグローバル化の影響を受ける。女性就業率が上昇したことで男性を稼ぎ頭とする人事制度の必要性がなくなる。労働時間の柔軟化や働き方の変化が進み、職場における階層の意味が喪失した。そして、長期雇用を前提として能力が育成されて賃金が上昇し、社会保障で労働者が報われる世界が縮小した。

ついで、ピオリらの指摘もみてみよう。ピオリらは働く側と企業側の変化に注目した。働く側では企業への帰属意識よりも性別、人種、民族などのアイデンティティが優先するようになった。企業側の変化もある。国際競争が激しさを増すなかで企業経営が安定的に継続する可能性が減った。このためニューディール政策を契機とする雇用社会システムの前提に立つ労働組合は窮地に陥ったのである。

労働組合自身の問題もある。組織が成熟するとともに官僚化して柔軟性を失っていったからだ。汚職や腐敗という問題も抱えた。社会に対する関心が低下したという批判も起こるようになっている。

労働組合の選択

この危機に労働組合は二つの方向で対処した。

一つは、国際市場競争や経済のグローバル化に適応する方向だ。具体的には企業経営に協力して労働組合が経営側にとって不可欠なパートナーとなることだった。企業経営そのものが不確実性のなかに置かれている限り、労働組合もまた不確実性への対応が迫られている。

そしてもう一つは、非典型的な雇用の状態にある労働者や多様なアイデンティティをもつ労働者を取り込んでいくことだった。

この延長線上にもう一つの方向が開かれた。それは、学生やＮＰＯなど労働運動以外の世界を取り込んでいくことだった。これは社会運動ユニオニズムとかオープンソース・ユニオニズムと呼ばれる。

この方向にすすむためには労働組合組織を改革し、ボトムアップ型にすることが必要だ。官僚的な組織から参加型の民主的な姿に脱皮しなければならないからだ。

ところで、ここには根本的な問題が横たわっている。

それは、企業経営に協力するにせよ、非典型的な雇用の状態にある労働者を取り込むにせよ、どちらも労働組合と企業との関係を基盤としているということだ。

社会運動ユニオニズムであれ、オープンソース・ユニオニズムであれ、それは変わらない。もしそうでないならば、ニューディール政策を契機とする雇用社会システムの前提そのものを回復するという、およそ困難な挑戦をしなければならないことになる。言い換えれば、経済のグローバル化の進展や労働者の働き方の変化、アイデンティティの多様化といった流れをせき止めなければならない。

それが「非現実的だ」、と言いたいのではない。そうではない方向を選んだのが多くの新しい労働組織だった。

アリンスキーの描くオルタナティブ

新しい労働組織の活動に大きな影響力をもっているのはコミュニティ・オーガナイジング・モデルだ。その創設者はソウル・アリンスキーだが、日本では不思議なことに労働分野でおよそ名前が知られていない。

彼は一九三〇年代のシカゴで産業別組合会議(CIO)活動に参加したのち、産業地域振興事業団

（IAF: Industrial Areas Foundation）を立ち上げた。めざしたのは、「単に工場経営者と抗争するだけではなく、政治、経済、社会問題、そのほか、労働者の生活にかかわるあらゆる要素や局面の問題を取り扱う」ことだった。

対象とするのは、住宅問題、食品問題、賃金や衛生の問題、児童福祉、都市行政など人間生活にかかわるあらゆることがらである。そこに集うのは、さまざまな団体だった。そこには労働者とその家族や、地域住民、企業経営者、学校、職業訓練機関、行政関係者などを含んでいた。

アリンスキーは一九四六年の著作（*Reveille for Radicals*, University of Chicago Press, Chicago ILL, 長沼秀世訳『市民運動の組織論』未来社、一九七二年）でこのように言う。

「「高賃金と労働時間短縮」という労働組合の伝統的な要求は、多種多様な目的のなかの一つとなるであろう」

これは、労働運動をその一部として包括するという意味だ。

そのうえでアリンスキーは労働組合の限界についてつぎのように言う。

「産業あるいは資本の安定化とその安全の確保に、組合のエネルギーと能力の大部分をふりむけることが労働組合の義務となっている」

その具体例として、住宅建設にかかわる労働組合が組合員の雇用と賃金を守るために住宅価格を吊り上げ、消費者の手の届かないものとしていることを指摘した。アリンスキーの後継者、つまりは現代のＩＡＦの活動にもその矛盾をみることができる。ＩＡＦは一九九〇年代からニューヨーク市で低賃金労働者に安価な住宅を提供する事業をおこなってきた。低所得者層にとって住宅はもっとも大きな問題の一つだ。一家族では家賃を負担できないために一部屋に数家族が暮らすことも珍しくない。打ち捨てられた廃屋に暮らすこともある。このような状況を改善するため、地元の開発業者と協力して普通ならば数億円は下らない価格を数百万円程度に引き下げたのだ。そのとき、労働組合は地元の開発業者の従業員を労働組合に加入させるか、もしくは健康保険と年金に加入させるように圧力をかけてきた。これはただでさえ余裕のない低所得者にとって手が届かなくなる価格へ上昇してしまう可能性をはらんだものだった。労働組合からすれば建設業で働く労働者の社会保障や労働条件をまもるための活動だっただろう。しかし、貧困と劣悪な住環境にあえぐ人々の問題から目を背けてきたのもまた労働組合だった。ＩＡＦはもっとも困っている人を助けることを優先し、労働組合の要求を拒絶した。それに対して労働組合は建設現場を封鎖するという実力行使に出たのである。

たとえば日本では労働組合が企業別に組織されているために活動が企業内に閉じこもりがちだという議論がある。そのために個別企業を超えた社会的な問題関心が高まらない。一方でアメリカは労働組合が産業別に組織されているために、企業別労働組合の弊害が除かれているはずだった。しかしそれでもなお、労働組合が根源的な問題を抱えているとするアリンスキーの指摘をどう考えればよいだろうか。

ニューディール政策を契機とする雇用社会システムの存在意義は、労働組合と使用者がおこなう交渉の成果が社会に広く波及することにこそある。その成果が波及しなかったり、社会的な問題関心と合致しなければ意味をなさない。ところが、アリンスキーは人間生活にかかわることを軸に労働問題を考えた場合、そもそも企業別労働組合と産業別労働組合のどちらも不備があるとした。ましてや、ニューディール政策を契機とする雇用社会システムを成立させていた前提が崩壊したとすればなおさらである。労働組合の方向と社会的な関心の溝は深まるばかりだ。

ラディカルとコミュニティ・オーガナイジング・モデル

とはいっても、アリンスキーは労働運動にかかわる人に大きな期待をかけている。それは、「アメリカのラディカルは、労働組合組織というゆりかごのなかにふかぶかと眠りながら、おちつかず、寝返りを打っている」という言葉となって現れる。

アリンスキーのいうラディカルとは「すべての人がもつ可能性が実現される社会、人が尊厳と安寧、幸福と平和のうちに生きる世界、すなわち、人類の道徳性に基づいた世界の創造を望む」者だ。そして、「戦争、恐怖、困窮、堕落というような窮地に人間をつなぎとめておく、あらゆる害悪の根絶をめざして闘う」。その筆頭は、アメリカ独立戦争とフランス革命にかかわり、建国期のアメリカで奴隷制を反対し続けたトマス・ペインだとする。したがって、ラディカルに「急進論者」のような一般的な訳語をあてると意味をなさない。むしろ「抜本的改革者」がふさわしい。

このラディカルによってすすめられるのがコミュニティ・オーガナイジング・モデルだ。活動の中心に置くのはオーガナイジング(組織化)、地域コミュニティのリーダー教育とオーガナイザーの養成だ。

ここでオーガナイジング(組織化)とは何かについて説明しよう。日本でオーガナイジングといえば「労働者を労働組合に組織する」という意味で一般的に使われる。しかし、アメリカではもっと広い意味になる。たとえば、机の引き出しや本棚、台所を整理するといった具合だ。ある目的の下に人々や組織間をつなぎあわせることも含まれるがその意味するところは、人々に参加を促し、リーダーを見出し、必要であればリーダーを育成するということにある。これにより、地域コミュニティが自ら問題を発見して関係者の利害を自発的に調整することができるように手助けする。これがオーガナイジングをおこなう担当者＝オーガナイザーに求められることだ。

4－1 IAFワシントンのオーガナイザー，ジョナサン・ラング(右)とインターンのマリア(左)

だからこそ、アリンスキーが設立したＩＡＦは地域コミュニティのリーダー教育とオーガナイザーの養成をもっとも重要なこととする(写真4－1)。

これを日本に置き換えると、たとえば坂本龍馬のような人材を育てるということになるだろう。

人と人、組織と組織をつなぎあわせるという彼の仕事は、自分が主役になることが目的ではなかったはずだ。志ある人を見つけ出して説得し、彼らの自発的な行動に期待していた。ところで、坂本龍馬に憧れる人は多いけれど、彼と同じような能力をもつ後継者を意識的に養成してきたことはあるだろうか。アリンスキーが挑戦したのはまさにそれである。

　現在、コミュニティ・オーガナイジング・モデルの信奉者は多くの新しい労働組織に見つけることができる。かつて労働組合で仕事をしていたという者も珍しくない。アリンスキーの言葉を借りれば、「労働組合というゆりかごから目覚めた」者だ。もちろん、現実の労働組合の方向とは別に、そこに属する人にもコミュニティ・オーガナイジング・モデルの信奉者はいる。だからこそ、新しい労働組織と労働運動の活動が連携することができるのだ。

　二〇〇八年に第四四代大統領となったオバマも、その彼の政権で国務大臣となったヒラリー・クリントンもともにコミュニティ・オーガナイジング・モデルとの関係が深い。オバマはロースクール卒業後の最初のキャリアをシカゴでオーガナイザーとしてスタートし、ヒラリー・クリントンは卒業論文でアリンスキーの活動を取り上げた。連邦政府だけでなく州や郡レベルまで含めた政治的影響も大きい。

〈山崎　憲〉

2　新しい労働組織の概要

新しい労働組織の五類型

ニューディール政策を契機とする雇用社会システムの前提の崩壊に対応する労働組合と、社会運動ユニオニズム、そしてコミュニティ・オーガナイジング・モデルというそれぞれの方向は新しい労働組織が発展してきた姿に影響を与えてきた。

それをより明確にするために、「①企業内重視」「②企業内を基盤として企業外を視野に入れる」「③企業外を基盤として企業内を視野に入れる」「④企業外重視」および、「⑤中間支援組織」という五類型を設定した（図4-1）。以下では、本章で紹介しなかった組織も加えながら一つずつみていこう。

ニューディール型労使関係システムに踏みとどまろうとするグループ

「①企業内重視」には企業経営に協力する労働組合が当てはまる。企業は厳しい国際市場競争の中にある。企業経営にとってもっとも重要なことは年度ごと、四半期ごとの業績だ。その一方で、労働組合にとって大事なことは組合員の労働条件や健康保険、年金などの社会保障制度の維持だ。それは、現場レベルで労働組合が効率を向上させるための働き方を取り入れることに協力するという姿になっ

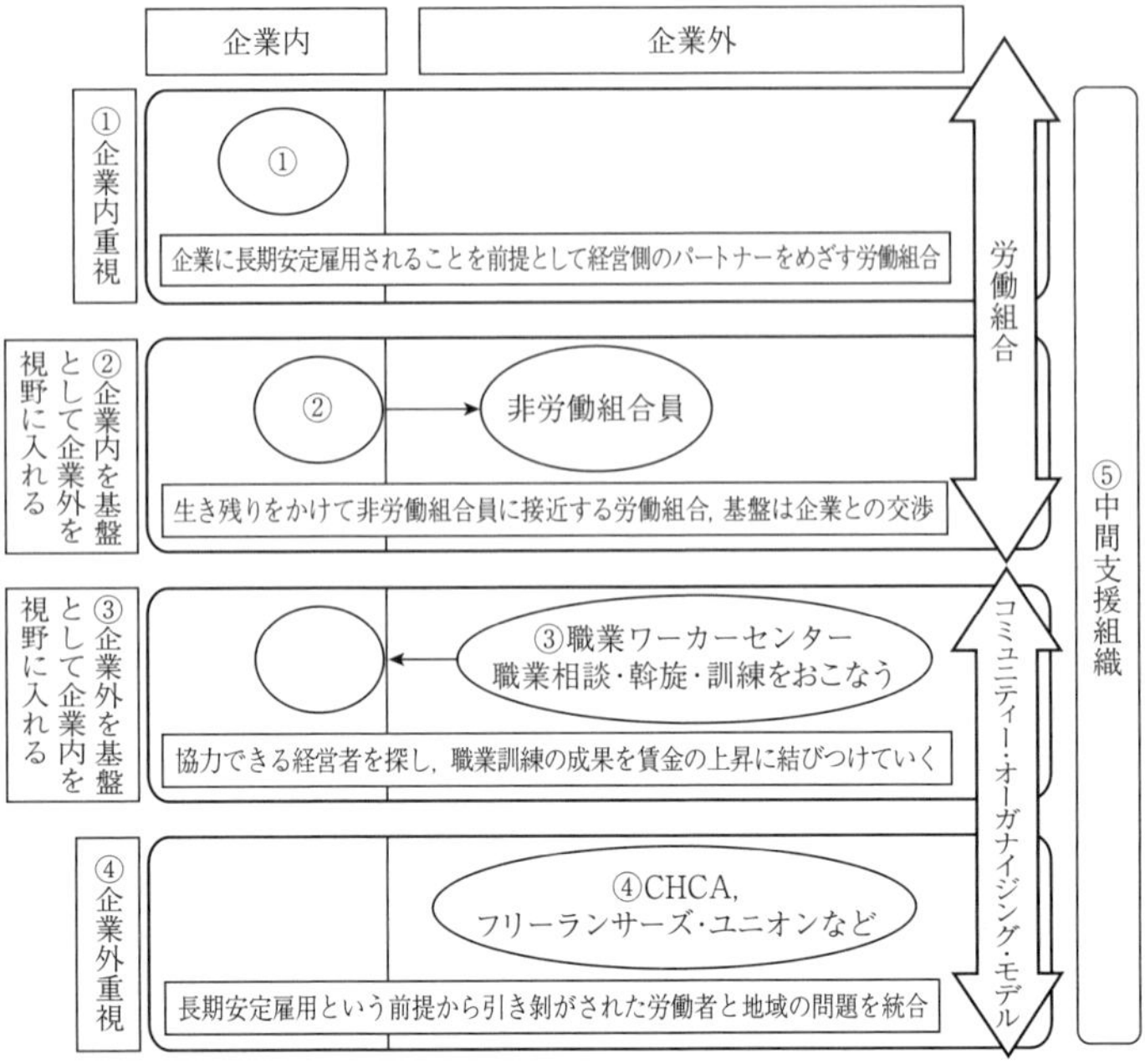

図 4－1　新しい労働組織の５類型

て現れる。この延長線上にあるのが、市場動向に対応する能力を育成する職業訓練機関である。その対象は労働組合員だ。

「②企業内を基盤として企業外を視野に入れる」場合も労働組合との関係がつよい。それは、組合員の減少が労働組合の存続にとって危機的な状況となっている労働組合だ。企業や産業が雇用する労働者が大幅に減ったり、派遣、請負、臨時雇い、独立自営業者など、従来の労働組合員と同列で扱うことが難しい労働者が大勢をしめるようになれば、労働組合にとって致命傷となる。組合員の著しい減少をもたらすからだ。だから、産業の雇用を増やすことや労働組合員以外を準メンバーとすることなどにより、将来、組合員となるかもしれない層を掘り起こそうと試みる。

このグループにはつぎのようなものがある。

労働組合と環境保護NPOが提携した組織ブルー・グリーン連合(BGA)。この組織は、環境、輸送、住宅、建設などの分野で、再生可能エネルギーや環境として持続可能な事業に転換することで雇用創出を促進することが目的だ。

職業訓練NPOウィスコンシン地域訓練パートナーシップもある。複数の労働組合と経営側によって運営され、経営側のニーズに対応した職業訓練プログラムの開発と実施をおこなう。労働組合の壁を超えて組合員の職業を移動させることもおこなっている。

また、建設労働者の労働組合LIUNAは労働組合員以外を準メンバーとして職業訓練機会を提供している。

「①企業内重視」「②企業内を基盤として企業外を視野に入れる」もともに、労働組合と使用者がおこなう交渉(団体交渉)の範囲にあるか、もしくはその可能性がある労働者が対象である。言い換えれば、ニューディール政策を契機とする雇用社会システムに踏みとどまろうとするグループだ。

生活を基盤として労働を包括するグループ(i)——経営側のニーズに対応する

他方、「③企業外を基盤として企業内を視野に入れる」「④企業外重視」の両者は労働運動のオルタナティブとしてのコミュニティ・オーガナイジング・モデルの影響を受けている。そのうち、「③企業外を基盤として企業内を視野に入れる」グループには労働組合と使用者の関係と同様の交渉を活用する組織もある。しかし、それは労働組合ではない。

そのわけはアメリカの労働法にある。労働者と使用者がおこなう交渉のことを団体交渉というが、それは労働法(全国労働関係法)によって規定されている。ここで、労働者のうち誰が交渉の対象になって誰がならないか、という判断がまずおこなわれる。これを適正交渉単位という。こうして交渉単位の認定を受けた労働者は、使用者と団体交渉をおこなう権利をもつべきか、それとももつべきでないかという選択をすることになる。その方法は適正交渉単位の労働者による投票である。その結果、過半数が賛成すれば労働者は合法的に団体交渉をおこなうことができるようになる。この権利を有するのが労働組合である。このしくみのもとでは、派遣、請負、独立自営業者、パートといった労働者は適正交渉単位として認められることは難しい。そのため、これらの労働者は合法的な団体交渉の外に置かれてしまうことになる。

しかし、「③企業外を基盤として企業内を視野に入れる」グループに属する新しい労働組織は、法的に認められていないが実質的に団体交渉と同様の機能を有している。

それでは、このグループを具体的にみていこう。ここには第1章で紹介した職業ワーカーセンター、第3章で紹介したＷＩＲＥ-Ｎｅｔが含まれる。

ワーカーセンターの対象は労働組合の対象からこぼれた労働者だ。おこなっていることは、労働者の権利に関する教育、未払賃金などの使用者からの不当な取り扱いに対する救済、訴訟を通じた法的扶助、職業訓練などだ。協力的な経営者と賃上げや職業訓練について話し合いの場をもつことがある。その目的は、複数の経営者に通用する資格をつくることで、職業訓練の結果を賃金上昇に結びつけることだ。

この方向性を強固にするために、職業ワーカーセンターは各都市に支部をつくり、その支部を束ねて全国組織を形成するというように産業別労働組合と似たような姿へと発展してきている。

ＷＩＲＥ-Ｎｅｔに参加しているのは、オハイオ州クリーブランド市の中小企業経営者、その従業員と家族、地域住民、学校、職業訓練機関である。経営者間の情報共有とサプライチェーンの構築支援、従業員の職業訓練、採用や再就職支援、コミュニティ活動の支援が活動内容だ。

そのほか、このグループには職業訓練ＮＰＯもある。対象は労働組合員でない労働者を含む。シカゴのＣＡＥＬ(The Council for Adult & Experiencial)と、ボストンのＪＶＳ(Jewish Vocational Service)がそうだ。

ＣＡＥＬは労働組合、企業、政府、大学という四者がパートナーとなり、社会人教育を基盤とした事業を展開する。参加組織間のニーズをマッチングさせることや、衰退産業から成長産業へ労働移動を促すための教育訓練プログラムの実施を全米規模で展開している。

ＪＶＳはヘルスケア分野の職業訓練を事業の柱の一つとする。ここでも経営者が従業員に望むニーズへの対応が意識されている。その中心は一年間の現職者訓練と三カ月程度の公認看護助手訓練コースである。これに合わせて大学進学支援や英語能力の向上、市民権の取得などもおこなう。

生活を基盤として労働を包括するグループ(ii)——拠り所をつくる

「④企業外重視」としたこのグループは、第1章の地域ワーカーセンターと権利擁護組織、第2章のフリーランサーズ・ユニオン、CHCA、第3章のミシガン・ワークス!を含む。

このグループはもはや労働組合と使用者による団体交渉にとらわれていない。そして、現在、もっとも発展を遂げつつあるのもここである。

おこなっていることを整理するとつぎのようになる。

- 権利擁護、法的扶助などのサービスを提供する
- 制度政策要求や政治的解決を求める
- 宗教を通じて労働の公正さを追求する
- 職業相談・斡旋・訓練をおこなう
- 健康保険や年金など会員に対する相互扶助と職場に代わる拠り所を提供する
- 住環境、教育など地域コミュニティの問題と連携する
- 労働組合が新しい労働組織を自ら設立する
- 労働者が自ら共同で企業を設立する

〈山崎 憲〉

ここに集うのは、一つの企業の勤続年数が短くて転職を繰り返す労働者や、請負、派遣、パート、独立自営業者といった非典型雇用労働者、失業者、学生、移民、地域コミュニティ住民、大学関係者、教会、労働組合、経営者、行政など地域コミュニティを形づくるさまざまな人たちだ。注目すべきことは、このグループに属する新しい労働組織の多くが地域コミュニティに根ざし、地域コミュニティにかかわる問題に取り組んでいることだ。

住環境、食、生活、格差、貧困、教育、移民、人権、差別などのさまざまな問題解決への取り組み。労働はその一つとして扱われる。

順を追ってこのグループに属する組織をみていこう。

まず、地域ワーカーセンターだ。移民コミュニティを中心に発達している。核となっているのは教会や学校である。メンバーの拠り所という色彩がつよい。事業としておこなうのは、移民法や人権、労働法に関する教育や英語を母国語としないメンバーへの英語教育や不正を働く事業主の追及などだ。職業ワーカーセンターのように全国組織を形成することは稀である。その理由は地域コミュニティを離れて組織が成立しないことと無縁ではない。

ニューヨークの権利擁護組織、メイク・ザ・ロード・ニューヨーク(MRNY)もある。移民の権利擁護、低所得者の居住環境改善、公立学校の質の向上など生活に密着した活動をおこなう。その一つに、労働に公正さを求めるプロジェクトがある。ここでは、未払賃金などの不正をおこなう事業主を追及することや、ゲイやレズビアン、バイセクシャルやトランスジェンダーに対する雇用差別撤廃、有給の病気休暇制度創設に向けた政策要求などをおこなっている。

労働者の権利擁護をおこなう弁護士事務所もある。ミシガン州デトロイト市で活動するシュガー法律センターだ。

職業訓練や職業紹介をおこなう組織、ミシガン・ワークス！とミシガン州人的資源開発法人（M-HRDI: Michigan Human Resource Development Inc.）もここに該当する。そのどちらも企業や労働組合の外に置かれた人を対象としている。組織の運営には地域コミュニティに密着した経営者、労働組合、地域コミュニティ組織、教育訓練機関が関与する。

ワーキングアメリカとフリーランサーズ・ユニオンは企業や労働組合の外に置かれた人に拠り所を提供している。

ワーキングアメリカはアメリカ労働総同盟産業別組合会議（AFL-CIO）が二〇〇三年に設立した組織だ。会員数は二〇一〇年で三五〇万人を数える。新しい労働組織の中では最大規模である。会員資格は労働組合員であるかどうかは問わない。労働組合がみずから設立した組織だが、その活動はコミュニティ・オーガナイジング・モデルに近く、オーガナイザーが重要な役割をになう。ここではオーガナイザーのことをキャンバサーと呼ぶ。地域コミュニティに人々をまとめていくことを絵を描くことになぞらえているからだ。彼らは各家庭を訪問して、経済情勢や政府の施策などの情報を提供する。その目的は民主党や労働組合の支持層を掘り起こすことだ。しかし、多くの時間は生活相談や健康保険サービス、商品の割引購入の斡旋といったことに割かれるなど、地域コミュニティの拠り所としての役割をになう。

ついで、健康保険や年金といった社会保障サービスを提供するフリーランサーズ・ユニオンがある。対象となるのは、企業に継続的に雇用されないで有期であるとかプロジェクトごとに契約する自営業的な働き方をする労働者だ。ここも職場を失った労働者の拠り所としての役割をになっている。

生活を基盤として労働を包括するグループ(iii)――労働者が企業を経営する

「④企業外重視」を徹底するとどうなるか。

新しい労働組織はその回答として、みずから企業を経営するということに行き着いた。それを代表するのが、在宅介護労働者協同組合(CHCA)、職業ワーカーセンター、ロック・ニューヨーク(ROC-NY)がニューヨークとデトロイトに開いたレストランだ。労働組合、国際食品商業労働組合(UFCW)もデトロイト市内にスーパーマーケットを立ち上げることを計画している。これらは労働者が所有する企業である。その目的は拠り所としての職場と職業訓練の機会を労働者に提供することだ。

CHCAはみずからが、そしてロック・ニューヨークは理解ある経営者と協力することで、彼らの能力を向上させて賃金の上昇に結びつけようとしている。

これらは介護、レストラン、スーパーマーケットといった地域コミュニティとのつながりが密接な業態だ。地域コミュニティ住民は顧客かつ利用者、そして関係者でもある。個別企業のなかに閉ざされる団体交渉に基づく世界からもっとも遠い姿だといえよう。

ネットワーク形成の触媒——「中間支援組織」

「①企業内重視」「②企業内を基盤として企業外を視野に入れる」「③企業外を基盤として企業内を視野に入れる」「④企業外重視」の四つに分類した新しい労働組織はそれぞれが孤立して存在しているのではない。組織間の人材交流や情報交換が盛んにおこなわれている。

たとえ「①企業内重視」の方針をとる労働組合だとしても、そこに属する組合員が個人的に新しい労働組織を支援している例はいたるところにみつけることができる。

新しい労働組織の多くは、予算規模が小さく、スタッフの人数も少ない。そのため、手がける事業の範囲はけっして広くはない。だからこそ、どのようなかたちであれ、ネットワークを形成することが必要となる。

そのための触媒ともいうべきグループが「中間支援組織」だ。

ソウル・アリンスキーが設立した産業地域振興事業団（IAF）、キリスト教会を母体にした権利擁護組織「信仰の垣根を超える労働者の正義（IWJ）」、ワシントンとニューヨーク、ボストン、シカゴに支部を置く「ジョブズ・ウィズ・ジャスティス」、ウィスコンシン州立大学マジソン校社会学部内に位置するウィスコンシン社会・経済戦略センター（COWS）、大学付属のレイバーセンター、そして労働組合がその代表だ。

このグループが依拠するのもコミュニティ・オーガナイジング・モデルだ。その内容を簡単にみていこう。

中間支援組織(i)――産業地域社会事業団

ＩＡＦは全米二一州に五九の支部を置く。カナダ、イギリス、ドイツ、オーストラリアといった海外にも展開している。コミュニティ・オーガナイジング・モデルと労働運動をつなぐ核として、一九九〇年代から存在感を大きくしている。その組織概要と活動内容をみてみよう。

各支部は三〜五人のオーガナイザーと、一〇〇人未満の住民による役員会によって構成される。オーガナイザーはおよそ三年程度で各支部を移動しながら育成される。活動の基盤はキリスト教会だ。

ＩＡＦの労働問題への接近を象徴するのがProject QUESTとリビング・ウェッジ運動である。Project QUESTはＩＡＦが主導してテキサス州サンアントニオ市で実施した職業訓練を通じた再雇用施策だ。一九九〇年、アパレルメーカー、リーヴァイス社が同市の工場を閉鎖したことで二〇〇〇人以上の失業者があふれた。とくに高卒以下の学歴の労働者は再就職が難しくなることが予想されたが、職業訓練を通じて再雇用に結びつけることに成功している。

リビング・ウェッジ運動は、行政が事業を民間に委託する際に、労働者の賃金の下限を契約に織り込むことで、低賃金労働者の生活向上をめざすものだ。

中間支援組織(ii)——信仰の垣根を超える労働者の正義

ＩＡＦと同様に、ＩＷＪも教会を活動の基盤に置く。ＩＡＦと異なり、労働者の権利擁護や不正をおこなう経営者の追及などの労働問題に特化した活動をおこなっている。教会を拠点として全米各都市にワーカーセンターを設立している。その数は二〇一二年で二五カ所。インターンシップやボランティアとして参加する学生などの若者に組織運営手法などの教育を通じた人材育成をおこなっている。彼らは各都市の教会に派遣されて、ワーカーセンターの設立に携わる。これらワーカーセンターの活動を束ねていることに加えて、若手リーダーの情報共有のための会議も開催している。

歴史を繙けば、教会と労働問題は近いところにいた。公民権運動で知られるキング牧師も不当に低い労働条件で働く労働者の状況を改善するための運動を支援している。ニューディール型労使関係システムの崩壊は宗教と労働問題を再び近づけている。

中間支援組織(iii)——ジョブズ・ウィズ・ジャスティス

労働運動を中心に草の根のＮＰＯを活動に巻き込むことが社会運動ユニオニズムであるとするならば、ジョブズ・ウィズ・ジャスティスはその促進を支援する組織ということになるかもしれない。しかし、いまやその活動は労働運動と草の根の活動のどちらが主であるか区別することが難しい。なぜなら、多くの草の根的活動を展開するＮＰＯはコミュニティ・オーガナイジング・モデルに依拠しているからだ。

設立は一九八七年で、ワシントンに本部、シカゴ、ニューヨーク、ボストンに支部を置く。そのうちボストンはマサチューセッツ州の労働組合の七分の一を組織している。加盟組織数は一〇五で三分の一が労働組合以外となっている。その内容は、人権擁護団体、宗教団体、移民、平和活動組織、同性愛者権利擁護団体となっている。

労働組合、地域コミュニティ、地域連合からそれぞれ一五の代表によって構成される全国役員会と執行委員会が本部に置かれ、そこにはＡＦＬ－ＣＩＯも参加している。各支部には、信仰委員会、健康保険委員会、世界正義委員会、移民の権利委員会、学生ネットワークといった各種委員会を置く。その一つに労働問題を扱う委員会がある。労働に公正さをもたらすためにさまざまな組織を連携させることで、従来の労働組合が対象としてこなかった労働者の問題をどのように解決していくかということに活動の力点を置いている（写真４－２）。

中間支援組織(iv)――ウィスコンシン社会・経済戦略センター

「行動するシンクタンク（think-and-do tank）」。

これはウィスコンシン社会・経済戦略センター（ＣＯＷＳ）がみずからを表現する言葉だ。一九九二年、ウィスコンシン州立大学社会学部教授ジョエル・ロジャーズが設立したこのＮＰＯは、公正と機会の平等、持続可能な環境、強くて弾力性のある社会の実現を組織理念に置いている。そのために、全米の大都市圏、州、連邦レベルの政治家、行政担当者を対象としたセミナーや研修を開催することにより広範な政治的な影響力をもつことをめざす。AFL‐CIOと共同で職業訓練NPOを立ち上げたり、環境保護と雇用創出を結びつける組織を設立してもいる。これらを通じて、政治、行政、労働組合、環境保護団体などとの連携促進をはかっている(写真4‐3)。

4-2　ジョブズ・ウィズ・ジャスティス・ボストンの事務所で働くインターンシップの学生

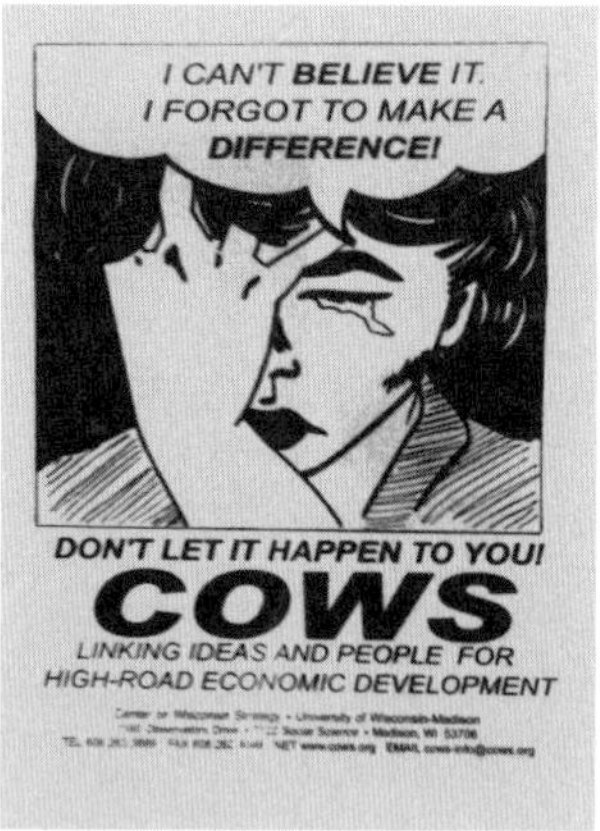

4-3　ウィスコンシン社会・経済戦略センターの事務所に貼られていたポスター

中間支援組織(v)――大学付属のレイバーセンター

主要大学にはレイバーセンターが設置されていることがある。ここも一つの中間支援組織だ。たとえばカリフォルニア州立大学ロサンゼルス校やニュージャージー州立ラトガース大学、ニューヨーク市立大学などが該当する。

レイバーセンターは労働問題に関する調査・研究をおこなうほか、その結果を労働運動に活用することもある。また、所属する研究者がワーカーセンターなどの新しい労働組織の役員となっていることも多く、ネットワークの触媒的機能を果たしている。

中間支援組織(vi)——労働組合

AFL-CIOの州支部や地域組織である中央労働協議会(Central Labor Council)や産業別労働組合は、ワーカーセンターや職業訓練NPOをみずから設立したり、資金援助をおこなうという形で支援している。

その核となっているのがAFL-CIO本部に置かれたワーカーセンター・コーディネーター部門だ。その目的は労働組合とワーカーセンターの連携の促進にある。全国組織を形成する職業ワーカーセンターとAFL-CIOは産業別労働組合と同列の提携契約を結ぶようになっているが、ここにもワーカーセンター・コーディネーターが間を取り持つ役割を演じている。

同様の動きは地方でもみることができる。たとえばいくつかの中央労働協議会はワーカーセンターを正式メンバーとするようになっている。

ここには二つの方向がある。一つは労働組合の組織的な活動にメリットがある場合。もう一つは労働組合運動家個人の信念に基づくものだ。後者は社会運動ユニオニズムと読み換えることができるかもしれない。他方、新しい労働組織は必ずしも従来型の労働組合となることを志向していない。労働運動側からみれば社会運動ユニオニズムだともいえようが、新しい労働組織側からみれば、生活のなかに労働問題を位置づけているにすぎないからだ。

新しい労働組織とそのネットワーク

新しい労働組織の実態に迫るにはその設置根拠を知ることが必要だ。

新しい労働組織の多くは内国歳入法典第501(c)(3)を根拠とする。これは教育、慈善、保険・医療、社会福祉、環境問題など生活に密着した活動をおこなう組織に免税措置を認めるものだ。一方、労働組合は501(c)(5)に該当する。両者の違いは政治的活動をおこなえるかそうでないかの違いだ。注目すべきことは、新しい労働組織がもし政治的活動の必要性を感じる場合、501(c)(5)ではなく、(4)を選んでいるということだ。501(c)(4)は社会福祉を目的とした組織に適用される。その活動は健康保険や年金などのサービスの提供を通じた福利厚生の向上や維持などを目的とする。法制化や政策提言などの政治的な働きかけが目的の達成に必要になることもある。そのため政治的活動が許されているのだ。

新しい労働組織が501(c)(5)を選択しない理由には、活動が労働問題に限定されたくないということがある。

それは新しい労働組織が労働組合や企業経営から切り離された労働者を対象にしているからでもある。ニューディール型労使関係システムの前提が崩壊したことはつまり、おおよその労働者が労働組

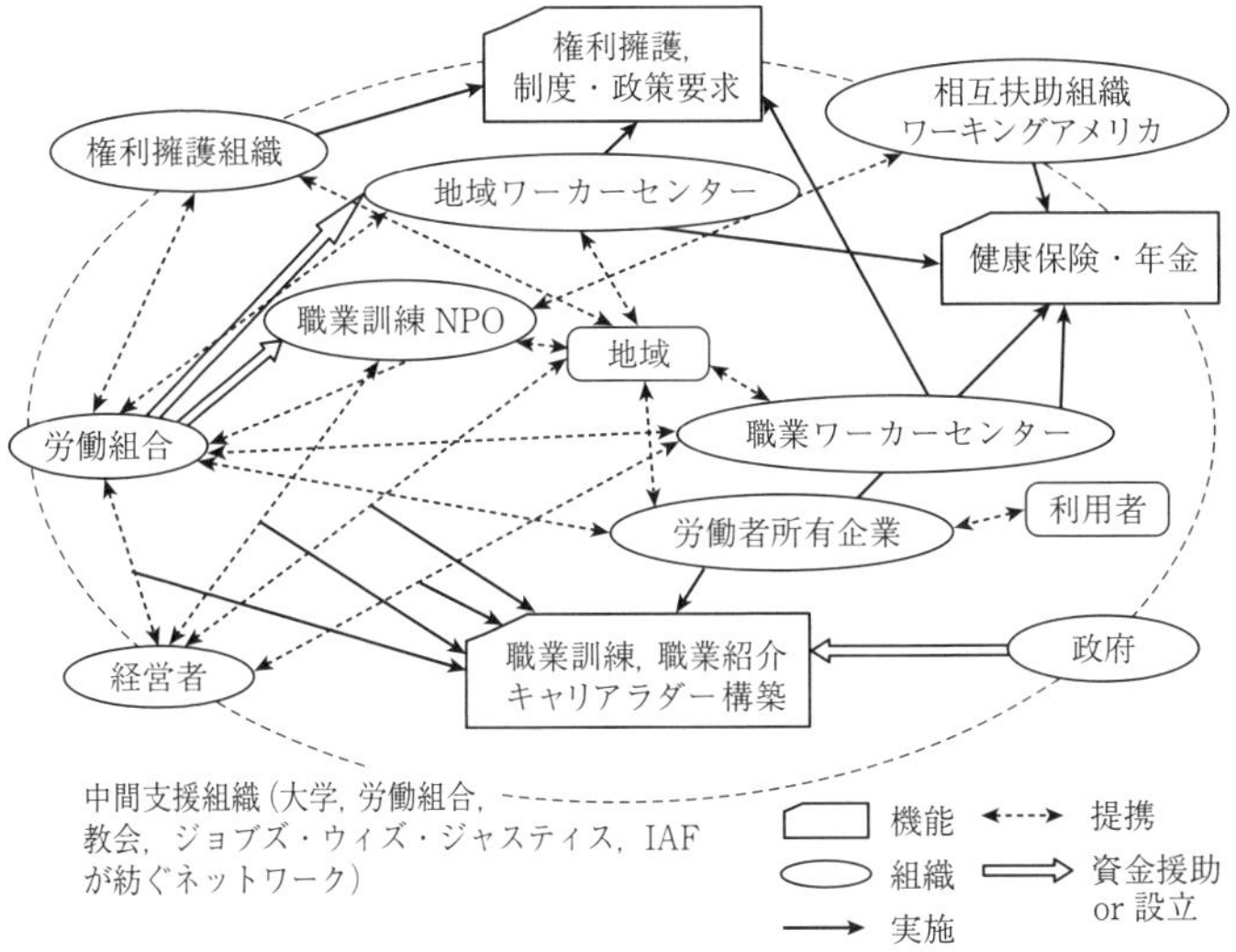

図 4−2　新しい労働組織のネットワーク

合と企業がつくってきた安定的な関係から社会に放り出されたことを意味する。だからこそ、新しい労働組織が織り成すネットワークの中心には企業や労働組合ではなく地域が置かれることになる。そして、働く人の権利をまもるという「権利擁護」、社会保障制度としての「健康保険と年金」、がんばった分だけ生活が良くなるという「職業訓練、キャリアラダー構築」という一人ひとりにとって必要不可欠な機能を維持するためにネットワークが構築される。

ここに501(c)(3)の要件が効いてくる。それはたとえば株式会社と同様の役員会の設置だ。これは免税という大きな特権を与える代償としてのチェック制度という意味がある。この役員会にはほかの新しい労働組織の役員や法的扶助をおこなう組織の弁護士、大学のレイバーセンターの研究者、労働組合の役員などが参加する。つまり、ネットワークの形成を促すしくみが設置根拠のなかに仕掛けられているのだ。
　ネットワークを構成する新しい労働組織はさまざまだ。組織がになうことができる範囲は小さい。しかし、一つひとつの組織がピースを埋め込んでモザイク模様を描くように、労働と生活にかかわる問題を網羅しようと試みている。それは従来型の労働組合と企業の関係の外に置かれるようになった労働者も含めた社会の再編の動きである（図4－2）。

〈山崎　憲〉

3　一〇年先を見据えて

新しい労働組織はいまやアメリカだけにみられるものではない。国境を越えて広がりつつある。ここから何を学び取るか。

「アメリカ特有のキリスト教というつながりが草の根の助け合いやＮＰＯを生むのだ」

「企業別労働組合を基盤とする日本はアメリカのようなネットワークをつくることができない」

このように思うだろうか。

しかし、考えてみたいことがある。

コミュニティ・オーガナイジング・モデルは「自然」に生まれたのではないということだ。長い時間をかけてオーガナイザーを育成し、そしてそのオーガナイザーが苦心して人々の参加を促し、リーダーを育成してきた。そこには分断された人々の絆をつなぎ合わせることで日々の暮らしに公正さを取り戻すという確固とした意志と長期的視野にたった周到な計画があった。

働くことに公正さを求めることに労働組合が依然として大きな影響力をもっていることは疑う余地がない。でも、一つの企業に長い間、安定的に雇用され、男性が稼ぎ頭となってきた社会は日本も同じように崩壊してきている。労働組合と企業の関係の外に置かれた労働者の数も拡大途上だ。

かつて企業は労働者に生活の糧としての賃金や社会保障としての健康保険や年金を提供してきた。働く人にとっての拠り所でもあった。それを失う人の数が増えれば、生活に労働を包含する組織が誕生することは当然の結果だっただろう。

すべての労働者がそこへ向かっているわけではない。これまでのように長期安定雇用のもとで賃金と社会保障がまもられる労働者もいる。問題は、その数が絞りこまれてきているということだ。そこに労働組合と企業の関係が留まる限り、どんなに労働者の権利や労働組合の役割を議論しても不毛だろう。平たく言えば、分断された人々の「絆」をどうやってつなぎ合わせることができるのか、ということが課題なのだ。労働者の権利や労働組合の役割だけに留まる話ではなくなっている。

アメリカだけでなく世界は劇的に変化しつつある。どのようにすれば働くこと、そして日々の暮らしに公正さ・正義が取り戻せるのか。これはどの国であれ難題だ。新しい労働組織とそのネットワークが成長を続けるアメリカでも同様だ。しかし、そこには前進を求める着実な歩みがある。

ここから学べることは、当事者の自発的な参加とそれを促す役割がますます重要になっているということだ。

企業と労働組合双方の外に置かれた労働者の拠り所をつくる、健康保険や年金などの社会保障制度を維持する、能力の向上を前提とした賃金上昇をもたらす。これらの実現のためにアメリカの新しい労働組織とそのネットワークが選択しているのは、誰か有力なリーダーが運動を引っ張るというものではない。当事者を見出し、自発的な参加を促すというオーガナイザーの存在が大きな意味をもつ世界だ。つまりは、「人々の絆を紡ぎ」関係者の間にたって利害を調整するコーディネーターをどのように計画的につくるのか、と言い換えてもいいかもしれない。その供給源は労働組合員、学生、社会福祉にかかわる人、宗教関係者などさまざまだ。

「絆」という言葉は二〇一一年三月におきた東日本大震災からの復興のシンボルとなった。しかしこの言葉は口にするだけでは効果がないことをも同時に想起させた。

いまだアメリカにおいてすらこの試みが成功した、と言えるわけではない。「人々の絆を紡ぎ」関係者の間にたって利害を調整するコーディネーターは一朝一夕には育たなかったということも理解しなければならない。ともすれば、志は高くとも忙しさのなかで燃え尽きてしまうことすらある。一人だけでできることではない。しかし、時間をかけて歩んできたその姿は一〇年前と同じではない。

どのような能力をもった人材が必要で、その能力をどのように育成するか、そして効果的なネットワークをどのように構築するか。長期的視野にたった設計図を描き、実行に移すことが求められている。そこには地域コミュニティを構成する経営者も労働者とその家族も教育機関も参加することが必要だ。そのときのキーワードは「人々の暮らしを軸にした再編」となるに違いない。

まずもって、「社会正義」を取り戻そうとする人たちが集い、テーブルを囲んで歴史に学びつつ最善の方法を議論する。そのうえで、理念だけにとどまらない実践的な計画を立てる。そのときには当然に、「人々の絆を紡ぎ」関係者の間にたって利害を調整するコーディネーターをどのようにつくるのか、が含まれなければならないだろう。
一〇年先を見据えることが必要だ。

〈山崎　憲〉

あとがき

本書は多くの人びとの無償の協力がなければ成立しませんでした。訪れた組織は三〇ですが、聞き取り調査をお願いした人の数はそれよりもはるかに多くなりました。知り合いを頼りに紹介してもらい、訪問した先からまた知り合いを紹介してもらうということもよくありました。初めて会った人物になかなか打ち解けることができないのは誰しも同じだろうと思います。ですから、お互いを知っている誰かに仲介してもらうことによって、一つの垣根を超えることができました。

それでも、「なんのために来たのか」という質問をストレートにぶつけられることもありました。そのたびごとに、日本の抱える課題を伝えて解決の糸口を探していることを伝えたのですが、むしろ最初に警戒心を抱かれた人物ほど真意が通じたあとは積極的に協力してくれました。本書は新しい労働組織のネットワークについて取り上げていますが、まさに私たちは調査をおこなうためにネットワークをつくってきたということができるのかもしれません。

当然のことながら、このネットワークは何かの決まりごとに縛られているわけではありません。ちょっとした行き違いがあったり、連絡が途絶えたりすれば簡単に壊れてしまうかもしれません。「ネットワークがうまく機能しない」といった声や、「アプローチの違いで打ち解けることが難しい」といった声も耳にしました。

しかし、調査であった組織はみなネットワークを活用していました。一つひとつの組織にできることは限られています。やみくもに組織を大きくしたとしても絶え間ない環境の変化にすべて対応できるわけでもありません。だからこそネットワークによってお互いの足りないところを補い合うことができると私たちは考えました。これは、聞き取り調査を通じてはじめて明らかになったことです。「はじめに」で「社会正義を実現するための創意工夫」を強調しています。けれども、その「創意工夫」とは「できることはなんでもやる」式の個々の組織の取り組みだけを指しているわけではありません。健康保険や年金などの社会保障、キャリア形成と職業訓練、人間らしい生活のできる労働条件、働きがいと生きがい。これらを大局的にとらえて取り組むことが基盤となっているのです。

そのことは、マサチューセッツ工科大学トーマス・A・コーハン教授とのメールのやり取りのなかであらためて教えられました。コーハン教授は、私たちが「創意工夫」と呼ぶ新しい労働組織の取り組みを、「実験的(experimental)」と呼びます。本書の冒頭で、コーハン教授ははっきりと「伝統的な労働組合が労働者を組織するモデルはもはや壊れている」と言っています。そのモデルは働いている人の賃金などの労働条件、職業訓練機会、健康保険、年金を保障するものでした。つまりは働いている人とその家族も含んだ社会そのものの枠組みでした。これが壊れているということはすなわち社会そのものの枠組みをつくりなおす必要に迫られていると言えます。だからこそ、コーハン教授たちは一九九〇年代後半から、研究者、企業関係者、行政、労働組合関係者、新しい組織の関係者を結集して新しい枠組みを見通そうとしたのでした。望ましい社会の枠組みのあり方について議論を重ね、自分たちの役割を認識するプロセスがあったのです。それは、大局的見地にたった、まさしく「実験的」な試みであり、もはや企業が長期間にわたって安定した雇用を多くの労働者に提供できないという認識にたっていたのです。

文化的、歴史的、社会的にさまざまな相違点がアメリカと日本の間に横たわっています。それでもなお、関係者が結集して「創意工夫」をおこなったアメリカの試みには、学ぶところが多いと私たちは考えました。日本もアメリカと同様に曲がり角にたっているからです。グランドデザインには、やみくもにそれぞれの理想を押し付け合うのではなく、事実に基づいた分析と判断が必要なことは言うまでもありません。日本の文化と歴史と社会にふさわしい枠組みのためのグランドデザインが「創意工夫」の第一歩となるべきでしょう。

コーハン教授たちが示したグランドデザインを受け継ぎつつも、私たちは独自の視点をいくつか提示しています。コーハン教授たちのグランドデザインは労働組合と企業がおこなう交渉を枠組みの中心に置き続けていました。それは、これまで長期間の安定した雇用を前提にした労働条件の向上や職業訓練、社会保障において大きな役割をになっていたからでもあります。もはやこのしくみも揺らいでいるという前提にたてば、枠組みのあり方も異なるのではないか。これが私たちの視点の種です。これは、「労働を中心として新しい労働組織のネットワークを考えると見誤る」として筒井さんが最初に使うようになった「労働・生活組織」という言葉が発端になりました。

そうして調査でであったのがコミュニティ・オーガナイジング・モデルでした。ここで言うコミュニティとはそこで実際に生活をしている地域や拠り所のことを指しており、住宅、食品、教育、治安、児童福祉、都市行政など生活に密着した問題の一つとして労働問題を扱っています。職場を頻繁に変えざるを得ない労働者にとって、生活をしている地域や拠り所としての場所が新しい枠組みの中心になるのがふさわしいと言えます。これは、労働者にとっての居場所を紡ぎなおすことにつなげるためでもあります。したがって、私たちが試みに描いた枠組みは、既存のしくみを破壊するのではなく、「労働と生活」の統合という視点で再構築するということにほかならないのです。そうは言っても、依然として労働組合が予算、人員ともに最大の組織であることには変わりはありません。そして企業にも社会の一員としての役割が引き続き求められるのは当然のことでしょう。「創意工夫」には労働組合も企業も含めて結集することを願ってやみません。

本書は、あとがきの冒頭で紹介したように多くの方々の無償の協力でできあがっています。この場を借りて感謝申し上げます。また、出版を快く引き受けてくださった岩波書店と、執筆陣の議論に根気よくお付き合いいただいた編集の中山永基氏にも感謝申し上げます。

二〇一二年九月七日

執筆者を代表して　山崎　憲

遠藤公嗣
1950年生まれ．明治大学経営学部教授．経済学博士(東京大学)．雇用関係論．『日本の人事査定』『賃金の決め方——賃金形態と労働研究』『個人加盟ユニオンと労働NPO——排除された労働者の権利擁護』(すべてミネルヴァ書房，第3書は編著)．

筒井美紀
1968年生まれ．法政大学キャリアデザイン学部准教授．博士(教育学)．教育社会学．『キャリアラダーとは何か——アメリカにおける地域と企業の戦略転換』(共訳・解説論文，勁草書房)，『リーディングス　日本の教育と社会⑲　仕事と若者』(共編著，日本図書センター)．

山崎 憲
1967年生まれ．独立行政法人労働政策研究・研修機構副主任調査員．在職中に明治大学大学院経営学研究科経営学専攻博士課程修了．博士(経営学)．2003年からの3年間は在デトロイト日本国総領事館に専門調査員として勤務．『デトロイトウェイの破綻』『フレキシブル人事の失敗——日本とアメリカの経験』(ともに旬報社，後者は共著)．

仕事と暮らしを取りもどす——社会正義のアメリカ

2012年10月16日　第1刷発行

著　者　遠藤公嗣《えんどうこうし》　筒井美紀《つついみき》　山崎　憲《やまざきけん》

発行者　山口昭男

発行所　株式会社　岩波書店
〒101-8002　東京都千代田区一ツ橋2-5-5
電話案内　03-5210-4000
http://www.iwanami.co.jp/

印刷・精興社　製本・松岳社

ISBN 978-4-00-025862-3　　Printed in Japan

私たちは〝99%〟だ
——ドキュメント ウォール街を占拠せよ
『オキュパイ!ガゼット』編集部編
肥田美佐子訳
湯浅 誠解説
A5判二五八頁
定価二一〇〇円

反転する福祉国家
——オランダモデルの光と影
水島治郎著
四六判二五六頁
定価三三六〇円

働きすぎに斃れて
——過労死・過労自殺の語る労働史
熊沢 誠著
四六判三九八頁
定価三三六〇円

現代日本の労働経済
——分析・理論・政策
石水喜夫著
A5判二八〇頁
定価二九四〇円

労働、社会保障政策の転換を
——反貧困への提言
遠藤公嗣ほか著
岩波ブックレット
定価 五二五円